Matthias Gerschwitz

# BULLRICH SALZ

## Marke · Mythos · Magensäure

Auf den Spuren eines der
ältesten deutschen Markenartikel

Berlin 2019

Matthias Gerschwitz, Jahrgang 1959, ist seit 1992 in Berlin mit einer Werbeagentur selbstständig. Zuvor arbeitete er für verschiedene Unternehmen und Produkte, unter anderem auch für Bullrich Salz. Die ungebrochene Faszination für dieses traditionsreiche Produkt veranlasste ihn, die spannende Geschichte eines der ältesten Markenartikel Deutschlands zu recherchieren und zu veröffentlichen.
Mehr zu seinen Büchern finden Sie unter http://www.matthias-gerschwitz.de.

*Bibliographische Information der Deutschen Bibliothek: Die Deutsche Bibliothek verzeichnet diese Publikation in der Deutschen Nationalbibliographie; detaillierte bibliographische Daten sind im Internet über »http://dnb.ddb.de« abrufbar.*

© 2007/2019 Matthias Gerschwitz
www.matthias-gerschwitz.de
Cover, Layout, Satz: Matthias Gerschwitz
Lektorat: Dr. Wolf Borchers und Andreas Schultz
Herstellung und Verlag: BoD GmbH, Norderstedt
ISBN: 978-3-7504-0336-9

auch als E-Book erhältlich

# Inhalt

*Kinodia aus den 1930er Jahren*

# *Vorwort*

WIE MAN AUF die Idee kommt, ein Buch über »Bullrich Salz« zu schreiben, wurde ich bei der Vorbereitung und Recherche oft gefragt. Eigentlich ist es ganz einfach: Man nehme die Faszination für Geschichte, das Wissen, dass Tradition ein wichtiger Teil der Unternehmenskultur ist und die Begeisterung für eine Marke, die in fast zweihundert Jahren Höhen und Tiefen erlebt, politischen und wirtschaftlichen Stürmen getrotzt und ganz nebenbei Millionen Verbraucher von Magenbeschwerden und Sodbrennen erlöst hat, und die auch im 21. Jahrhundert als starke Marke nicht aus den Gesundheitsregalen des Handels wegzudenken ist. Wenn sich dazu noch herausstellt, dass in der Geschichte eines der ältesten deutschen Markenartikel viel mehr steckt – Familienfehden und Erbstreitigkeiten, Prozesse wegen Betrug, Beleidigung und Markenrechtsverletzungen … bis hin zu einem Mord! – dann wird aus der historischen Recherche eine spannende Entdeckungsreise, bei der man zudem noch auf so illustre Namen wie Theodor Fontane, Walter Benjamin, Henri Nannen, Vicco von Bülow, Martin Buchholz, Sönke Wortmann und Ottfried Fischer trifft. Viel Vergnügen auf einer Reise durch deutsche Marken-, Wirtschafts- und Sozialgeschichte … viel Vergnügen mit »Bullrich Salz«!

Berlin, im Oktober 2019  |  Matthias Gerschwitz

# *Am Anfang stand die Idee ...*

EIGENTLICH KENNT IHN jeder. Zumindest jenen, die 1852 in der Berliner Innenstadt leben, ist sein Anblick vertraut. Der ausgeprägte Backenbart und das schneeweiße Haar zeichnen ihn aus, den Parfümerie- und Toilettenseifenfabrikanten, den *Königlich Preußischen Hoflieferanten*, den *Hoflieferanten Sr. Majestät des Königs und Sr. Königlichen Hoheit Prinz Friedrich der Niederlande* – den Apotheker 1. Klasse **August Wilhelm Bullrich**. Seit 25 Jahren, seit 1827, überquert er allmorgendlich den Molkenmarkt, biegt in die Stralauer Straße ein und betritt das Haus mit der Nummer 33. Hier ist der Sitz der Firma Stegmann, der Arbeitsstätte Bullrichs. Anfangs als Angestellter, ab 1835 als Inhaber[1].

August Wilhelm Bullrich ist das dritte von fünf Kindern. Von den beiden Schwestern Luise Marie Wilhelmine und Friederike Wilhelmine sowie dem jüngeren Bruder Johann Wilhelm ist nichts bekannt. Der älteste Bruder, Carl Wilhelm, fügt sich dem Wunsche des Vaters nach einer kaufmännischen Ausbildung. August Wilhelm aber hat andere Interessen. Schon früh begeistert er sich für die Wissenschaft, doch da sich in

---

[1]  *August Wilhelm Bullrich (2.6.1802-3.7.1859), Apotheker 1. Klasse.*
    *Eintritt ins Unternehmen F. C. Stegmann 1827, Übernahme der Firma 1835.*

der Familie kein Vorbild findet, muss er sich aus eigener Kraft empor arbeiten. Gegen den Willen des Vaters verlässt der Sohn früh seine Heimatstadt Potsdam und macht sich auf nach Berlin, um eine pharmazeutische Ausbildung in der Apotheke *Zum schwarzen Adler* in der Friedrichstraße 173 zu absolvieren, wo er nach dem Ende seiner Ausbildung die Position des »Provisors«, der ersten Fachkraft, bekleiden wird. Dadurch hat er Zugang zum Labor – und den nutzt er reichlich. Nächtelang brütet er über chemischen Formeln, Beschreibungen von Heilpflanzen und ihren Inhaltsstoffen sowie weiterer einschlägiger Literatur und führt Experimente aller Art durch. Mitte der zwanziger Jahre fallen ihm Aufzeichnungen von Valentin Rose d. J.[2] über Natriumbicarbonat in die Hände. Bullrich ist von der Abhandlung des Apothekers und preußischen Medizinalassessors fasziniert: Bald findet er heraus, dass Bicarbonat erheblich besser Abhilfe bei dem ihn plagenden Sodbrennen zu schaffen vermag als die bis dahin verordnete Schlämmkreide. Zudem notiert er eine deutliche Verbesserung des allgemeinen Befindens. Beflügelt durch die Ergebnisse des Selbstversuchs entwickelt er 1827 die ihn lebenslang begleitende Theorie, dass es neben organischen Defekten nur drei weitere Ursachen für Krankheitserscheinungen gibt: Nervenleiden, Vergiftungen oder gastrische Verunreinigungen, die sich durch Gaben von Natriumbicarbonat lösen und aus dem

---

[2]    *Valentin Rose d. J. (1762-1807), Besitzer der Apotheke »Zum weißen Schwan« in der Spandauer Straße zu Berlin, stellte 1801 zuerst doppeltkohlensaures Natron her. Er war auch Vormund von Karl Friedrich Schinkel, der 1794 als Dreizehnjähriger mit Mutter und Geschwistern nach Berlin kam, wo er später zum berühmtesten preußischen Baumeister avancierte.*

Körper spülen lassen. Im selben Maße, in dem ihn seine Entdeckung begeistert, verwirrt sie ihn auch. Er ist Angestellter der Apotheke und daher verpflichtet, seinen Dienstherrn Johann Daniel Riedel über die Ergebnisse der Forschung zu informieren; dann aber würde dieser die Meriten in Form von Ruhm und Geld einstreichen – was Bullrich vermeiden will. Ihm schwebt vor, seine Erfindung unter eigenem Namen auf den Markt zu bringen. Doch ohne akademischen Abschluss kann er dieses Ziel nicht erreichen. So legt er 1827 das Examen als Apotheker 1. Klasse ab. Nun hat er zwar die Voraussetzungen geschaffen, sich selbstständig zu machen, aber zur Gründung einer neuen oder zum Erwerb einer bestehenden Apotheke fehlen ihm die finanziellen Mittel. Deshalb tritt er noch im selben Jahr in die Firma *F. C. Stegmann* ein.

Stegmann beliefert einen großen Kundenkreis mit eigenen Fabrikationen von Seifen, Pomaden, Rasieröl, Schminke, Eau de Cologne, Eau de Lavande, Räucherkerzen und Zahnpulver, aber auch mit Glas- und Stahlwaren, Feuerzeugen und Tabakwaren. Da Lieferungen nur mit der Postkutsche möglich sind, finden die meisten Wettbewerber ihre Abnehmer nur in der näheren Umgebung; Stegmann jedoch bedient den gesamten deutschsprachigen Raum. Möglich ist dies durch ein Auslieferungslager in Frankfurt am Main, das der Firmeninhaber in weiser Voraussicht angemietet hatte. Schließlich sollte es noch acht Jahre dauern, bis 1835 zwischen Nürnberg und Fürth die erste Eisenbahn in Deutschland verkehrt, und noch drei Jahre länger, bis die Strecke Berlin-Potsdam eröffnet wird.

Die Einrichtung eines Auslieferungslagers erweist sich von Anfang an als gute Idee. Bullrich und Stegmann beschicken alle wichtigen Messeplätze mit ihren Mustern und sind zumeist auch selbst vor Ort. Das Unternehmen floriert und heimst viele Preise und lobende Erwähnungen ein. Auch die Anerkennung aus höchsten Kreisen lässt nicht lange auf sich warten: Am 28. Februar 1828 wird dem Unternehmen der Titel eines *Hoflieferanten Sr. Majestät des Königs von Preußen* verliehen; am 26. Dezember 1833 zusätzlich der Titel eines *Hoflieferanten Sr. Königlichen Hoheit des Prinzen Friedrich der Niederlande*. Stegmann hat von der zweiten Auszeichnung nicht mehr viel  – er stirbt am 23. Oktober 1834.

Erbin und neue Eigentümerin wird Stegmanns in Warschau lebende Mutter, die mit der Seifenfabrik allerdings nicht viel anfangen kann. Daher veräußert sie das Unternehmen am 21. Februar 1835 an August Wilhelm Bullrich, der sich mit einem früheren leitenden Mitarbeiter Stegmanns, George Louis Knoblauch, einen Kompagnon ins Boot holt. Zwar reichen die finanziellen Mittel nicht einmal für ein Viertel des Kaufpreises in bar, aber Bullrich finanziert den Rest über Raten und Kredite. Schließlich hat er die Idee aus dem Jahr 1827 in petto – doch als er Knoblauch von seinen Forschungen über Natriumbicarbonat berichtet, ist dieser skeptisch. Als gelernter Seifensieder will er sich lieber dem angestammten Geschäfte widmen; Pharmazie ist nicht sein Ding. Doch Bullrich lässt nicht locker und erreicht einen Kompromiss. Der Apotheker kann seine Idee realisieren, verspricht dem Kompagnon aber, das

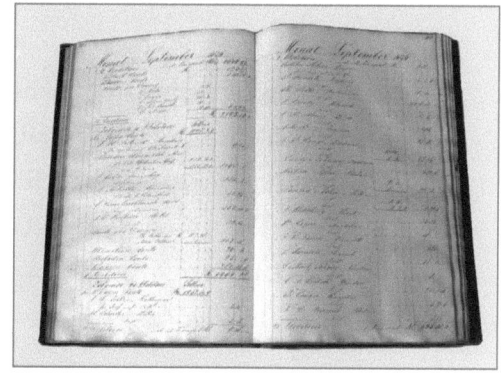

*Debitorenbuch F.C. Stegmann, September 1836:*
*Das Unternehmen belieferte Kunden zwischen Wesel und Memel (heute Klaipéda/Litauen), Hamburg und Salzburg, Freiburg und Krakau sowie in London.*

Hauptgeschäft nicht zu vernachlässigen. Das wäre allerdings auch ein schwerer Fehler gewesen. *F. C. Stegmann* ist ein im Markt etabliertes, erfolgreiches Unternehmen. Durch die Beibehaltung des Namens können sie auch weiterhin vom guten Ruf der Firma profitieren, der letzlich auch die Einführung des Bullrich'schen »Universal-Reinigungs-Salz« erleichtert.

Bullrich hat viel zu tun, um *sein* Salz zu etablieren. Trotzdem findet er Zeit für das private Glück. Am 10. Januar 1836 ehelicht er Henriette Crudelius[3]. Bullrich ist eine gute Partie; seine Frau weiß das zu schätzen und hält ihm den Rücken frei. Wehmütig muss sie allerdings akzeptieren, dass sich ein Herzenswunsch nicht erfüllen wird: Die Ehe bleibt kinderlos.

Obwohl das Geschäft brummt, verschlechtert sich das Verhältnis zwischen den Teilhabern zusehends. Bullrich hat klare Vorstellungen von der Ausrichtung der Firma; Knoblauch fühlt sich zurückgesetzt und zieht die Konsequenzen. Er lässt sich auszahlen und scheidet zum Jahresende 1843 aus der Firma aus. Nun kann Bullrich nach Lust und Laune schalten und walten. Bis zu seinem Tod wird er die Geschicke des Hauses und den Erfolg seines »Bullrich Salz« nicht mehr aus der Hand geben.

[3]  *Henriette Wilhelmine Crudelius (1807-1900), genannt »Tante Minna«*

Als alleiniger Inhaber der Firma widmet sich August Wilhelm Bullrich intensiv der Vermarktung seiner Erfindung. Er nutzt jede Gelegenheit, das in Tüten
bzw. blaues Packpapier abgefüllte »Bullrich Salz« als Mittel für die unter-
schiedlichsten Anwendungen anzupreisen. Neben anderen Messen nimmt er
auch an der ersten »*Ausstellung Vaterländischer Gewerbeerzeugnisse*« 1844 in
Berlin teil, bei der seine Firma eine Bronzemedaille erringt.

Bei Vorträgen in polytechnischen
und anderen Gesellschaften bringt
er den Zuhörern die Vorteile und
Anwendungen seines Produktes
nahe. In Traktaten, Schriften und
Büchern preist er die medizini-
schen Erfolge und scheut sich auch
nicht, mit amtlichen Stellen in
Konflikt zu geraten, was ihm des Öfteren Geldstrafen wegen Beleidigung und
Widerstandes gegen die Staatsgewalt einbringt. Überliefert ist ein heftiger und
hartnäckiger Streit mit Johann Ludwig Casper, dem Berliner Stadtphysicus[4]
über die Verwendung von »Bullrich Salz«. Auslöser für diesen Streit ist das
Buch »*Aufschluss über die Cholera auf Erfahrung, nach wissenschaftlichen
Prinzipien, gestützt für Aerzte und Nichtaerzte*«, das Bullrich 1849 veröffentlicht. Der Apotheker ist der festen Überzeugung, mit seinem »Universal-

[4] *Der Stadtphysicus war zugleich Leiter des städtischen Gesundheitswesens und der Rechtsmedizin.*

Reinigungs-Salz« ein Allheilmittel gefunden zu haben, das auch gegen die seit 1831 in Preußen grassierende Seuche helfen soll. Casper, ein klassischer Schulmediziner, schimpft Bullrich einen Scharlatan und verbietet ihm die Empfehlung und Verabreichung seines Mittels. Trotz gegenteiliger Meinung der Schulmedizin bleibt Bullrich bei seiner Auffassung. Ja – er legt sogar noch nach.

1853 erscheint der »*Rathgeber bei Krankheitsfällen*«, in dem er seine bereits 1827 entwickelte These zu den drei Krankheitserscheinungen jenseits organischer Defekte veröffentlicht. Zur Kur gastrischer Verunreinigungen empfiehlt er sein »Universal-Reinigungs-Salz« oder das von ihm 1851 entwickelte Bullrich-Sodawasser, das nach Aussage des Apothekers festsitzende innere Verunreinigungen besser als Selterswasser zu lösen vermöge. Bullrich versteift sich sogar darauf, sein Sodawasser als gesunde Alternative zu Champagner zu positionieren[5].

Aufmerksamkeit ist gut für's Geschäft – und über mangelnde Aufmerksamkeit kann sich Bullrich nun wirklich nicht beklagen. Die Berliner amüsieren sich *wie Bolle* über seine öffentlichen Auftritte – aber sie kaufen das Bullrich'sche Salz. Und nicht nur die Berliner tun das ...

---

[5] *Bullrich schreibt im »Rathgeber bei Krankheitsfällen« über sein Sodawasser: »Auch ist es im Stande, als angenehmes Getränk nach Festmahlen den Champagner zu ersetzen, welcher in vielen Fällen, selbst wenn er gut ist, Uebelkeit und Erbrechen hervorbringt, während mein Sodawasser, besonders mit etwas Lünel [süßer Muscat-Wein] getrunken, ein angenehmes Getränk ist.*

Im Jahre 1901 wird sich die *Pharmaceutische Zeitung* den Auswirkungen der Entdeckung des Natriumbicarbonats durch Valentin Rose einhundert Jahre zuvor ausführlich widmen und feststellen:

*»Die grösste Bedeutung jedoch besitzt das Präparat als Volksmittel, besonders seit Barella und Bullrich ihre berühmten Universalreinigungs- und Magensalze in Verkehr gebracht haben. Zumal auf dem Lande, wo Arzt und Apotheker oft weit entfernt wohnen, gibt es keinen Gutshof, kein Pastor- oder Schulhaus, in dem nicht eine Düte oder Schachtel des köstlichen Allheilmittels mit besonderer Sorgfalt aufbewahrt würde. Es hilft so ziemlich bei allen ›inneren‹ Leiden, die dem Sterblichen in halbwegs normalen Zeiten zu begegnen pflegen, und es ist dabei unschädlich. Wäre es anders, so hätte ein in seiner Materia medica zwar etwas beschränkter, sonst aber offenbar recht praktisch veranlagter Mediziner nicht reimen können:*

> *Geht's deiner Frau, sie weiss nicht,  w i e,*
> *So reiche schnell ihr Natron  b i.*
> *Fehlt's deiner Frau, sie weiss nicht,  w o,*
> *Dann gib ihr Natron bicar b o*
> *Ich lob' in allen Fällen  d r u m*
> *Das Natron bicarboni c u m.«*

Doch zurück in die 1850er Jahre. Um die Nachfrage, nicht nur nach dem »Universal-Reinigungs-Salz«, das bald als »Bullrich Salz« in aller Munde sein wird, sondern nach allen Produkten des Hauses zu befriedigen, muss Bullrich Angestellte und Arbeiter einstellen. Zahlen sind nicht überliefert, aber Positionen: Es werden Seifensieder und Abfüller, Lageristen und Packer sowie kaufmännisches Personal benötigt. Und natürlich Lehrlinge. Ein Bewerber ist **Wilhelm Zoll**[6] aus Zechlin (Mark). Nach gutem Schulabschluss sucht er sein Glück in der preußischen Hauptstadt. August Wilhelm Bullrich erkennt das Potenzial des jungen Mannes und stellt ihn zum April 1853 ein. Zoll wird ihm sein Vertrauen am 30. April 1857 mit dem erfolgreichen Abschluss zum Kaufmannsgehilfen (siehe Abbildung nächste Seite) danken.

Kurz zuvor hatte Bullrich seine Nichte **Anna**[7], die Tochter des »*Sternen*«-Wirts aus Teupitz, nach Berlin geholt. Da die Ehe des Apothekers kinderlos geblieben ist, soll sie seine Nachfolgerin werden. Ungewöhnlich genug: Für Frauen ist es Mitte des 19. Jahrhunderts nicht gerade üblich, berufliche Perspektiven angeboten zu bekommen – aber ist Bullrich nicht ohnehin ein ungewöhnlicher Zeitgenosse?

Anna hat Eingewöhnungsschwierigkeiten, wie sie ihrer Mutter in einem Brief offenbart: »*So lieb und gut Onkel auch zu mir war, so streng und abwei-*

[6]  *Wilhelm Carl Emil Erdmuth Zoll (1835-1883)*
[7]  *Anna Wilhelmine Mathilde Bullrich (1842-1934). Von 1857-1918 in der Bullrich'schen Firma tätig.*

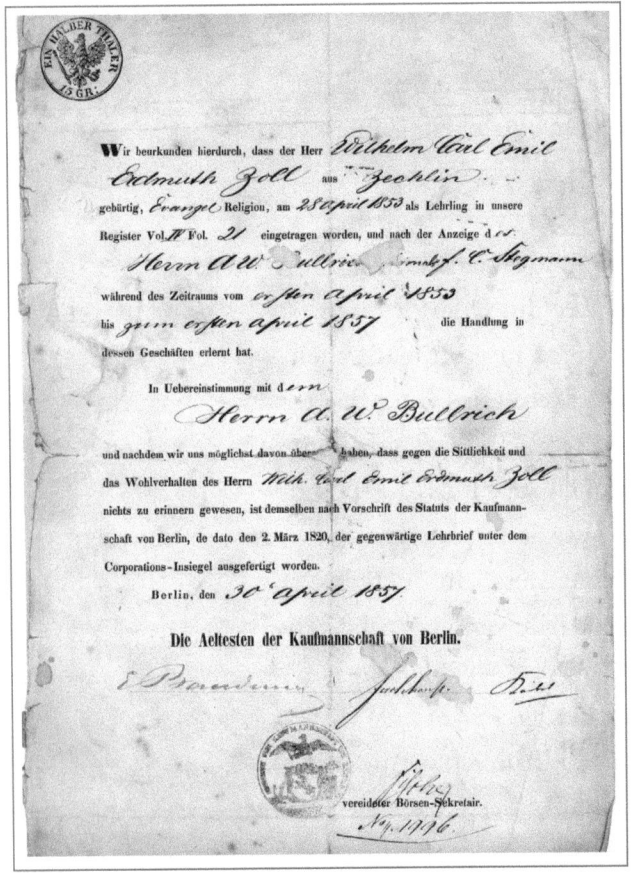

send war Tante Minna und es hat viele Tränen und schwere Kämpfe gekostet, bis ich mir ihre Liebe erwarb.«

Leichter fällt ihr der Kontakt zu Wilhelm Zoll. Ihm trägt Bullrich daher auf, seiner Nichte alle notwendigen Kenntnisse über das Unternehmen zu vermitteln. Er widmet sich dieser Aufgabe ausgiebig und, wie die Zukunft belegen wird, auch gut.

Zoll macht sich unentbehrlich: Er bildet aus, führt die Bücher und kümmert sich um das Personal. So stellt er 1857 einen weiteren Reisenden ein – von Friedrich Wilhelm Assmann wird noch zu hören sein.

Assmann stammt, genau wie Zoll, aus Zechlin, ist aber dreißig Jahre älter. Deshalb fällt es ihm schwer, den jungen Kaufmannsgehilfen als Vorgesetzten zu akzeptieren; vielmehr sieht er sich dem nur drei Jahre älteren Apotheker ebenbürtig. Bullrich lässt sich auf Ränkespiele gleich welcher Art aber nicht ein, die Hierarchie bleibt unverändert. Nur das Verhältnis zwischen Zoll und Assmann kühlt ab. Dafür erblüht – erst still und leise, bald aber für alle sichtbar – eine innige Beziehung zwischen Zoll und Anna. Bullrich betrachtet die Verbindung mit Wohlwollen, wird aber nicht mehr erleben, wohin diese Beziehung führt, denn der Apotheker stirbt am 3. Juli 1859.

August Wilhelm Bullrich vererbt das prosperierende Unternehmen seiner Witwe, die sich bald gegen Nachahmer des »Universal-Reinigungs-Salz’« wehren muss. Daher überlässt sie lieber Zoll die Leitung, der mittlerweile die Liaison mit Anna Bullrich intensiviert hat. Sie planen nicht nur eine gemeinsame private, sondern auch geschäftliche Zukunft.

Achtzehn Monate nach dem Ableben Bullrichs, am 10. Januar 1861, kaufen Wilhelm Zoll und Anna Bullrich die Firma Stegmann und benennen sie im

> **A. W. Bullrich's Universal-Reinigungssalz**
> ist nur **allein echt** aus meiner Fabrik unter der Firma **F. C. Stegmann** zu beziehen.
> Da vielfach ein verfälschtes Fabrikat verkauft wird, halte ich es für meine Pflicht, hierauf wiederholt aufmerksam zu machen. **A. W. Bullrich's Wittwe,**
> Stralauerstr. Nr 33.

Gedenken an den verstorbenen Onkel in *A. W. Bullrich vorm. F. C. Stegmann* um. Wie schon der Onkel verfügen auch sie nicht über ausreichende finanzielle Mittel und müssen den Kaufpreis abstottern; daher verpflichten sie sich, Henriette Bullrich bis zu ihrem Tode eine jährliche Rente zu zahlen. Diese Verpflichtung wird erst am 30. September 1900 enden.

Völlig unerwartet melden plötzlich die Geschwister des Apothekers Ansprüche auf das Erbe an. Jahrelang war von ihnen nichts zu hören und zu lesen gewesen; der Geruch von Geld und Wohlstand jedoch verkürzt bekanntlich auch die größten Entfernungen. Wobei – so groß sind die Entfernungen gar nicht; mit Ausnahme von Carl Wilhelm Bullrich[8], der nach Hamburg verzogen war, sind alle Geschwister nach wie vor in Potsdam ansässig. Trotzdem haben sie sich niemals um Bruder und Schwägerin gekümmert. Aber nun, da eine Erbschaft winkt, entdecken sie plötzlich ihren Familiensinn.

Henriettes Stirn ist von dunklen Vorahnungen umwölkt. Sie drängt Anna dazu, die ohnedies anstehende Verlobung schnellstmöglich in die Tat umzusetzen, denn die Geschwister beäugen bereits misstrauisch die Geschäftsführung von Wilhelm Zoll – der, so wird argumentiert, ja schließlich nicht zur Familie gehört. Auch die Bekanntgabe der Verlobung am 10. Februar 1861 ändert nichts am geschwisterlichen Argwohn, vor allem, weil gleichzeitig mit der Verlobung auch die Übernahme der Firma offiziell bekannt gegeben wird.

Das ruft die Geschwister endgültig auf den Plan. Sie missgönnen Zoll den privaten und geschäftlichen Erfolg, bezichtigen ihn der Vorteilsnahme sowie des Betrugs und bestreiten die Rechtmäßigkeit des Firmenverkaufs dem Grundsatze nach. Zu diesem Behuf strengen sie unter Federführung des ältesten Bruders Carl Wilhelm – dem einzigen, der sich mit so etwas auskennt – eine

[8]  *Carl Wilhelm Bullrich (1799-1871). Buchhalter in Hamburg, wohnhaft Cremon 20.*

Klage gegen Zoll an, um die geschlossenen Verträge gerichtlich für ungültig erklären zu lassen. Die Klage wird abgewiesen.

Nun wenden sich die Geschwister an die Witwe. Sie verlangen von ihr die Herausgabe eines Teils des von August Wilhelm hinterlassenen, nicht unbeträchtlichen Vermögens. Der Rechtsstreit zieht sich über Jahre hin und treibt kuriose Blüten. 1865 wird gegen Henriette ein Steckbrief[9] erlassen, woraufhin sie sich in ihrer Verzweiflung eine Zeit lang an einem geheimen Ort in der Mark Brandenburg versteckt halten muss. Erst 1875 können sich die Parteien einigen und schließen einen Vergleich; Henriette Bullrich verpflichtet sich, an die Geschwister ihres verstorbenen Gatten und deren Abkömmlinge eine jährliche Rente zu zahlen.

Nach fünfzehn Monaten Verlobungszeit heiraten Wilhelm Zoll und Anna Bullrich am 23. Mai 1862. Damit beginnt für die Nichte des Firmengründers eine enge Verbindung mit dem Unternehmen, die erst 1918 enden wird, als sie im Alter von 76 Jahren in den Ruhestand tritt.

---

[9]  *Haftbefehl. Meyers Konversationslexikon, IV. Auflage (1885-1892): »Öffentliches Ersuchen um Festnahme einer zu verhaftenden Person, welche flüchtig ist oder sich verborgen hält. Nach der deutschen Strafprozeßordnung (§ 131) können Steckbriefe von dem Richter sowie von der Staatsanwaltschaft erlassen werden.« Wurde früher in den Torriegel gesteckt, daher »Steckbrief«.*

# Etwas über die Familie

»INZWISCHEN IST ES *am Horizont immer heller geworden* [...] *und während der Sonnenball hinter einem alten Schloßturm aufsteigt, fahren wir in die noch stille Straße von Teupitz ein. Der Wagen hält vor dem ›Goldnen Stern‹* [...] *und während die Frühstücksstunde kommt und die braunen Semmeln neben die noch braunere Kanne gestellt werden, setzt sich die ›Sternen‹-Wirtin zu mir und unterhält mich von Teupitz und dem Teupitzer See.*«

Mit diesen Zeilen setzt der Schriftsteller **Theodor Fontane**[10] in seinen »*Wanderungen durch die Mark Brandenburg*« dem *Goldnen Stern* zu Teupitz ein literarisches Denkmal – nicht ahnend, dass es viel mehr Gemeinsamkeiten mit der Familie Bullrich gibt als nur die flüchtige Frühstücksbegegnung des Jahres 1862. Wirt des *Goldnen Sterns* war Johann Bullrich, dessen Frau Friederike[11] den Gasthof nach seinem Tod weiterführte; sie ist die von Fontane beschriebene *Sternen*-Wirtin. Ein Cousin der

[10] *Theodor Fontane (1819-1898). Deutscher Schriftsteller und Apotheker. Zu seinen bekanntesten Werken gehören »Effi Briest«, »Irrungen, Wirrungen« oder »Der Stechlin«.*
[11] *Johann Friedrich Wilhelm Bullrich (1801-1856), Gastwirt und Weißbäcker Friederike Wilhelmine Bullrich, geb. Hoffmann (1805-1881)*

Wirtsleute, der bereits erwähnte August Wilhelm, besaß ebenso wie der Schrift-steller eine Approbation als Apotheker 1. Klasse und diente bis 1827 in der Berliner Apotheke *Zum schwarzen Adler*, in die Fontane zwanzig Jahre später eintreten sollte. Gelernt hatte Fontane übrigens in der *Rose'schen Apotheke* nahe des Hackeschen Marktes; Valentin Rose d. J. wiederum hatte August Wilhelm Bullrich auf die Spur des nach ihm benannten »Bullrich Salz« geführt.

Johann Bullrich, dessen Witwe Fontane auf das Herzlichste bewirtet, gehört zur sechsten Generation der aus dem Teupitzer Schenkenländchen stammen-den Familie Bullrich, die 1661 mit der Hochzeit des »Stammvaters« Martin Bullrich in Teupitz erstmals erwähnt wird. Mehr als seine Herkunft aus Töpchin (heute zu Mittenwalde gehörend), das Jahr seiner Eheschließung und das Sterbedatum (3. Januar 1697) sind von ihm nicht bekannt; von seinem Sohn Gottfried und seinem Enkel Christian Sigismund ist zusätzlich der Be-ruf überliefert. Die Mittenwalder Ortschronistin Vera Schmidt hat beide im dortigen Bäckereigildebuch entdeckt: »*Am 22. Juni 1724 hat Meister Gottfried Bullrich seinen Sohn Christian Sigismund auf zwei Jahre vor offener Lade ange-nommen*«; am 26. Oktober 1730 besteht dieser die Meisterprüfung. Das Bäckerhandwerk wird in den folgenden drei Generationen noch von sieben weiteren Familienmitgliedern ausgeübt. Die »Bullrichs« kann man also ge-trost als *Weißbäckerdynastie* bezeichnen – kein Wunder, leitet sich der Name vom slawischen Wort »*bulka*«, übersetzt »*Semmel*« ab[12]. Hier gilt einmal

[12] *Nach Hans Bahlow: Deutsches Namenslexikon 1985 (ISBN 3-518-36565-7)*

mehr: »*Nomen est omen*«. Aber nicht nur Handwerker finden sich in der Familienchronik; etliche Mitglieder der Familie ergreifen gut besoldete und sichere Arbeitsplätze in der Verwaltung: Ein Onkel des Sternenwirts ist Stadtrat in Potsdam, ein anderer Amtmann in Weißensee; ein Cousin ist Amtsrat in Schlesien, ein anderer zunächst Stadtsyndicus in Spandau, später Bürgermeister von Charlottenburg[13]. Auch wenn es ihm gelingt, die Residenzstadt am Rande Berlins aus dem Teltowkreis zu lösen und in die Eigenständigkeit zu überführen, bleibt er in der Charlottenburger Stadtgeschichte nur eine Randerscheinung. Da ihm Unregelmäßigkeiten in der Stadtkasse zur Last gelegt werden, tritt er 1877 von seinem Amt zurück.

Beruflich ungewöhnliche Wege gehen zwei weitere Cousins des *Sternen-Wirts*. August Wilhelm Adolph, geboren am 31.7.1802, verdingt sich 1825 als Söldner in den Dienst des brasilianischen Königs Dom Pedro I., der gegen Argentinien Krieg führt. Er wird 1827 gefangen genommen und nach Buenos Aires verbracht. Nach seiner Freilassung bleibt er dort, wird ein angesehener Geschäftsmann, bekleidet sogar eine Zeit lang das Amt des Bürgermeisters und legt den Grundstein zum mittlerweile größten Familienzweig, dem auch eine bekannte Schriftstellerin[14] und eine Ministerin[15] angehören.

---

[13] *August Wilhelm Bullrich (1805-1888), Stadtsyndicus in Spandau, später 29 Jahre (und damit dienstältester) Bürgermeister von Charlottenburg (beide Städte gehören heute zu Berlin).*
[14] *Silvina Francisca Bullrich Meyrelles (1915-1990), Schriftstellerin und Übersetzerin*
[15] *Patricia Bullrich (\*1956), Politikerin, Gründerin der Partei »Union por todos«*

*Unser* August Wilhelm Bullrich verschreibt sich der Wissenschaft und wird Apotheker in Berlin. Er ist Erfinder des Magenmittels »Bullrich Salz« und begründet damit die Geschichte eines der ältesten deutschen Markenartikel. Der Name »Bullrich« wird zu Beginn der 1930er Jahre nach Teupitz zurückkehren; der nunmehrige Firmenbesitzer Paul Spielhagen, erwirbt mit den Gewinnen aus dem Verkauf des Magenmittels das ehemalige Gut *»Hohe Bude«*, inoffiziell *»Bullrichs Höhe«* genannt. Das Gut ist mittlerweile verschwunden; aber vor einigen Jahren

war es kurzzeitig im Gespräch, die noch vorhandene Zufahrtsstraße in *»Bullrichs Höhe«* umzubenennen.

Auch der *Goldne Stern* am Markt 1 ist inzwischen abgerissen. Anna, die ältere Tochter des *Sternen*-Wirts, war bereits 1857 im Alter von 15 Jahren zu ihrem Onkel nach Berlin gegangen; ihr Bruder Otto[16] führt den väterlichen Gasthof und einen Holzhandel bis 1893, dann wechselt auch er in die preußische Metropole. 1904 verkauft er die Gastwirtschaft. Nach 1949 wird in dem Gebäude eine HO-Kaufhalle eingerichtet; die Bausubstanz verfällt im Laufe der Jahre. Nach der Wende wird das Haus durch einen Neubau ersetzt.

[16] *Otto Wilhelm Adolph Bullrich (1847-1915). Von 1893-1915 im Unternehmen tätig*

Zum Abschluss der Familiengeschichte ein kleines Schmankerl: Auch der vergleichsweise kleine deutsche Zweig kann mit einem schillernden Mitglied aufwarten. Niemand Geringeres als der als »*Sudel-Ede*« in die Annalen des Fernsehens eingegangene DDR-Propagandist Karl-Eduard von Schnitzler gehört zu den Nachfahren. Er behauptet in seiner Biographie[17], dass seine eigentlich mit dem Magensalz-Fabrikanten Bullrich verheiratete Urgroßmutter eine außereheliche Liaison mit **Kronprinz Friedrich Wilhelm**[18], später Kaiser Friedrich III. oder »*99-Tage-Kaiser*«, gehabt habe, aus der seine Großmutter hervorgegangen sei – aber da war wohl mehr der Wunsch der Vater des Gedankens.

Der »*Magensalz-Fabrikant Bullrich*«, gemeint ist August Wilhelm, hatte bekanntlich keine Nachkommen – weder eigene noch angenommene und erst recht keine Kuckuckskinder. Deshalb hatte er ja seine Nichte Anna unter seine Fittiche genommen. Allerdings war Karl-Eduard von Schnitzlers Urgroßmutter tatsächlich mit einem Bullrich verheiratet, wenn auch aus einer anderen Linie – und seine Großmutter war deren elftes Kind. Soviel also zum schwarzen Familien-Kanal ...

[17] *Karl-Eduard von Schnitzler: »Meine Schlösser oder Wie ich mein Vaterland fand«, Hamburg 1995*
[18] *Kronprinz Friedrich Wilhelm (1888: Kaiser Friedrich III.) - Abbildung von 1874*

# Die Chemie muss stimmen

MIT CHEMISCHEN FORMELN *ist die Sache nicht gemacht*«, legt Kurt Tucholsky einer Protagonistin seiner Glosse »*Woher kommen die Löcher im Käse?*« in den Mund, weil ihr eine populärwissenschaftliche Erklärung verständlicher erscheint als chemische Fachbegriffe. Auch die Wirkweise des »Bullrich Salz'« lässt sich so leichter erklären.

Im Magen muss, damit die Nahrung zur Verdauung aufgespalten werden kann, ein saures Milieu herrschen. Diesem Zweck dient die körpereigene Magensäure, die aus Salzsäure (HCl) besteht. Zuviel Magensäure allerdings würde die Magenschleimhaut angreifen; daher produziert der Körper in geringen Mengen das zur Neutralisation der Magensäure benötigte Gegenmittel, nämlich Natriumbicarbonat ($NaHCO_3$). Üblicherweise genügt die selbst produzierte Menge, um den Säure/Basen-Haushalt des Körpers auszugleichen und so für Wohlbefinden zu sorgen, je nach Konsum- oder Genussverhalten wird dieser Haushalt aber gehörig durcheinander gebracht: Wenn man zu viel, zu fett oder zu hastig isst oder zu viel Alkohol trinkt, wird die Produktion der Magensäure überdurchschnittlich angeregt; die zur Neutralisation notwendige Menge an Natriumbicarbonat steht aber nicht zur Verfügung. Die Folge: Es entstehen das berüchtigte Sodbrennen, unangenehmer Magendruck und ein belastendes Völlegefühl. Zur raschen Abhilfe muss Bicarbonat zugeführt werden. Genau dieses ist »Bullrich Salz«: Natriumbicarbonat ($NaHCO_3$) oder Natriumhydrogencarbonat, doppeltkohlensaures Natron – kurz: Natron.

Natriumbicarbonat reagiert schäumend mit der Salzsäure und bindet sie als $NaCl$ (Natriumchlorid oder Kochsalz), $H_2O$ (Wasser) und $CO_2$ (Kohlendioxid). Kochsalz und Wasser werden auf natürlichem Weg ausgeschieden, das Kohlendioxid entweicht über die Speiseröhre und bahnt sich als Aufstoßen seinen Weg ins Freie. Freut man sich bei Säuglingen noch über das befreiende »Bäuerchen«, so gilt das offene Aufstoßen mit zunehmendem Alter als unschicklich – auch wenn es nachweislich den Magen entlastet. »*So unterschiedlich ist es im menschlichen Leben*«, hätte wiederum Kurt Tucholsky dazu gesagt.

Wer aber nun glaubt, bedenkenlos viel und vor allem fett essen zu können, da die daraus resultierende Magenüberbelastung mit Hilfe von Natriumbicarbonat wirksam bekämpft werden kann, der irrt gewaltig. »Bullrich Salz« ist ein Arzneimittel – auch wenn es seit jeher rezeptfrei erhältlich ist. Hier gilt es, wie bei allen Arzneimitteln, die Dosierungsanweisung genau zu beachten. Schon vom berühmten Arzt und Philosophen Paracelsus ist der Satz »*Die Menge macht das Gift*« überliefert. Noch einfacher jedoch ist es, man beherzigt von vornherein beim Essen wie auch bei der Dosierung von Medikamenten die gute alte Volksregel »*Allzu viel ist ungesund*«. Der Körper wird es mit Wohlbefinden danken.

August Wilhelm Bullrich war der Auffassung, »*das seit Jahrhunderten ge-*

*suchte Universalheilmittel«* entdeckt zu haben, und die *Pharmaceutische Zeitung* stieß 1901 anlässlich der 100. Wiederkehr der erstmaligen Beschreibung des Natriumbicarbonat durch Valentin Rose in dasselbe Horn. Die moderne Pharmazie hat sicherlich eine andere Meinung dazu; aber auch sie muss anerkennen, dass Natriumbicarbonat auch für viele andere Zwecke einsetzbar ist. Die Palette scheint schier unbegrenzt: Neben der Wirksamkeit als Magenmittel wird Natriumbicarbonat als Bestandteil von Brausetabletten verwendet, hilft bei Vergiftungen durch Barbiturate und Salicylate, wird wegen seiner neutralisierenden Wirkung als Zusatz bei der Dialyse eingesetzt und unterstützt als Infusion die Behandlung der metabolischen Azidose.

Wussten Sie, dass sich der berühmt-berüchtigte Kater als Folge einer alkoholhaltigen Feier durch die Einnahme von »Bullrich Salz« zu einem harmlosen

*Berliner U-Bahn-Werbung 1988-1990:* Mit vier klassischen Reklameversen kehrte »Bullrich Salz« nach Berlin zurück. Zum selben Zeitpunkt warb übrigens auch »Paech-Brot« mit Reimen ...

Haustier verkleinert? Doch aufgepasst: Auch wenn die Nachwirkungen reduziert werden – der Blutalkohol wird deshalb nicht schneller abgebaut!

Ein wesentliches Kriterium pharmazeutischer Präparate war und ist die Reinheit des Produktes. Bei »Bullrich Salz« wurde sie immer wieder festgestellt[19]. So entwickelte sich die Erfindung von August Wilhelm Bullrich schnell zu einem Universalmittel für Gesundheit und Haushalt. Auch heute noch ist überraschend, wie viele Anwendungsmöglichkeiten es für »Bullrich Salz« gibt. Daher gilt nach wie vor der altbewährte Reim: *»In Haus und Küche jedenfalls braucht jede Hausfrau Bullrich-Salz«.*

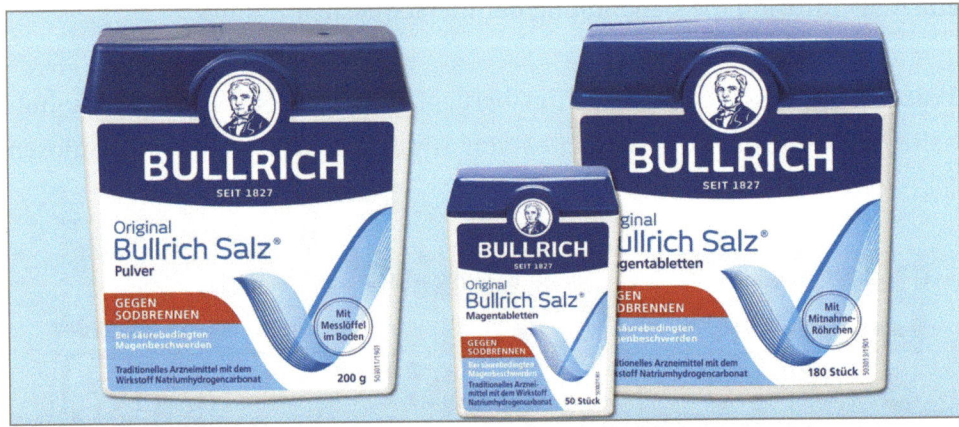

[18]  *z.B.: Erich Tschirsch 1932 in Pharmazeutische Zentralhalle für Deutschland – Zeitschrift für wissenschaftliche, praktische und geschäftliche Interessen der Pharmazie (Artikel »Chemische Betrachtungen über Bullrich Salz«): »Bullrich Salz ist ein besonders reines Natrium bicarbonicum, das nur sehr geringe Mengen Natrium carbonicum als Verunreinigung enthält« sowie auch Deutsches Arzneimittel-Buch 6 (in der 1932 gültigen Fassung).*

# Bullrich gegen Bullrich

DIE NEUEN EIGENTUMSVERHÄLTNISSE sind nichts für Wilhelm Assmann[20]. Er muss erkennen, dass die Ränkespiele der letzten Jahre zu unüberbrückbaren Differenzen mit den neuen Inhabern geführt haben und verlässt im Herbst 1862 grollend das Unternehmen.

Unter Leitung des Ehepaares Zoll gedeiht das Unternehmen *A.W. Bullrich vormals F. C. Stegmann* prächtig. So prächtig, dass die Räumlichkeiten in der Stralauer Straße 33 nicht mehr ausreichen. 1863 wird der Verkauf in das neu angemietete Geschäft in der Leipziger Straße 30 nahe der Friedrichstraße verlegt; Produktion, Lager und Verwaltung verbleiben am angestammten Ort. Mit dem Ausscheiden Assmanns ist die Stelle für einen Reisenden neu zu besetzen. Die Wahl fällt auf **Hermann Zoll**[21], den jüngeren Bruder des Chefs. Er ist körperlich eher kompakt und eine Seele von Mensch, zudem versteht er sich ausgezeichnet mit seiner Schwägerin.

Obwohl Assmann in seiner Tätigkeit als Reisender nicht in alle Belange des Unternehmens eingeweiht war, hatte er den Konflikt zwischen Zoll und Hen-

---

[20] *Friedrich Wilhelm Assmann (1805-1879)*
[21] *Hermann Zoll (1840-1888)*

riette Bullrich auf der einen Seite und den Geschwistern des Firmengründers auf der anderen Seite mitbekommen. Nun wittert er die Chance, seinem früheren Dienstherren gründlich zu schaden. Kurz vor dem Ausscheiden aus seiner alten Firma hatte er viele wichtige Unterlagen in seinen Besitz gebracht, die er nun gegen *A. W. Bullrich vorm. F. C. Stegmann* verwenden möchte. Er nimmt Kontakt mit **Carl Wilhelm Bullrich** auf und präsentiert ihm eine perfide Idee. Der Bullrich-Bruder ist begeistert. Als gelernter Buchhalter kann er ziemlich genau abschätzen, welchen Plan Assmann verfolgt und welche Erfolgsaussichten er haben kann. Er willigt ein, sich zu beteiligen.

Am 1. April 1863, knapp vier Jahre nach dem Tod August Wilhelm Bullrichs, gründen C. W. Bullrich und der Kaufmann Wilhelm Assmann in Berlin das *Unternehmen C. W. Bullrich zur Fabrikation und zum Verkaufe von Seifen, Parfümerien und dergleichen.* Bullrich bringt seinen Namen ein, Assmann die aus der früheren Firma mitgenommenen Rezepturen, Lieferanten- und Kundenlisten. Die nach wie vor schwelenden Familienstreitigkeiten, kombiniert mit dem Betrug an der alten Firma, sind die beste Voraussetzung für einen perfekten Racheplan – und die Adresse der neuen Firma ist das Sahnehäubchen: *C. W. Bullrich* nimmt ihren Sitz nur zwei Häuser entfernt von der 36 Jahre früher gegründeten Bruderfirma. Diese hatte zwar gerade ihr Ladengeschäft verlegt, aber Produktion und Verwaltung befinden sich nach wie vor an alter Stätte. Durch die leichte Verwechselbarkeit der Adressen – Stralauer Straße 33 hier, Stralauer Straße 35 dort – sind die Schwierigkeiten vorprogrammiert.

Carl Wilhelm Bullrich hat gar nicht vor, Fabrikant zu werden. Auch nach Berlin will er nicht umsiedeln – dazu fühlt er sich in Hamburg zu wohl. Aber er erkennt in Assmanns Plan eine sprudelnde Geldquelle. Als das Königliche Stadtgericht Berlin am 15. April 1863 die Eintragung der Firma *C. W. Bullrich* in das Handelsregister bescheinigt, haben sich die Eigentumsverhältnisse schon wieder geändert. Bereits zwei Tage nach der Gründung, am 3. April 1863, hatten Bullrich und Assmann einen weiteren, notariell beglaubigten Vertrag geschlossen, nach dem das unter der Firma *C. W. Bullrich* geführte Geschäft in den alleinigen Besitz des Kaufmanns Wilhelm Assmann übergeht. Bullrich überlässt dem früheren Kompagnon den Namen und übernimmt *pro forma* den Vertrieb der Produkte in Hamburg, Holstein und Lauenburg, wofür er eine regelmäßige Zahlung beansprucht. Ob er allerdings jemals seiner Verpflichtung nachgekommen ist, ist nicht überliefert. Tatsächlich sieht der Vertrag auch keinerlei Bestimmungen oder Strafen bei Nichterfüllung vor. Bullrich hat sich abgesichert.

Als nächstes wirbt Assmann eine Angestellte seiner früheren Firma ab. Die Witwe **Emilie George**[22] ist eine ehrgeizige und resolute Frau. Ihr längliches Gesicht mit der sehr markanten Nase verleiht ihr einen leicht arroganten

[22] *Emilie Schommartz, verw. Assmann, verw. George (1840-1895)*

Gesichtsausdruck, der ihr den Ruf der Unnahbarkeit einbringt. Assmann ist von der hübschen und selbstbewussten Frau fasziniert, die sich die Avancen gefallen lässt; sie spekuliert auf Vorteile. Und genau so kommt es auch: Bald ist sie nicht mehr nur Angestellte, sondern wird durch Heirat Mitinhaberin des Unternehmens.

Ein heftiger Konkurrenzkampf bestimmt in den folgenden Jahren das Tagesgeschehen. Die Firma *C. W. Bullrich* bringt ein »Universal-Reinigungs-Salz« mit identischer Rezeptur, gleichen Packungsgrößen und ähnlicher Aufmachung wie das A. W. Bullrich'sche »Universal-Reinigungs-Salz« auf den Markt. Da es noch keine Schutzrechte gibt und die bestehenden Gesetzesgrundlagen nicht ausreichen, den Vertrieb der Nachahmung zu unterbinden, muss das ältere Unternehmen den neuen Konkurrenten dulden. Allerdings schadet der Wettbewerb der älteren Firma nicht in dem Maße, wie es sich Assmann erhofft hat.

*A. W. Bullrich vorm. F. C. Stegmann* beschäftigt sich nach wie vor mit der Seifen- und Parfümeriefabrikation, die ohnehin einen größeren Raum in Anspruch nimmt und damit auch mehr zum Geschäftsergebnis beiträgt als die Herstellung von »Bullrich Salz«, wohingegen sich *C. W. Bullrich* ausschließlich auf das Salz spezialisiert hat. Zudem beschränkt sich Assmann auf den deutschen Markt, während Wilhelm Zoll internationale Beziehungen knüpft und 1878 sogar die Weltausstellung in Paris beschickt.

Innerhalb Deutschlands jedoch tobt ein erbitterter Krieg. Hatte sich Bullrichs Witwe Henriette 1860 noch gegen fremde Nachahmer schützen müssen, so sieht sich die Firma *A. W. Bullrich* nun der Verwechslungsgefahr mit einem fast gleichnamigen Wettbewerber ausgesetzt.

1864 erscheint im »Frankfurter Tageblatt« eine Anzeige, in der ein Carl Wilhelm Bullrich behauptet, das von seinem Bruder erfundene Salz rechtmäßig zu vertreiben und krönt diese Aussage durch eine Unterschrift, obgleich er mit dem Unternehmen, das seinen Namen trägt, rechtlich gar nicht mehr verbunden ist. Assmann lässt nichts unversucht, den Wettbewerber zu diskreditieren.

Das »Frankfurter Tageblatt« ist natürlich nicht die einzige Zeitung, in der die Schlammschlacht stattfindet. Neben den von den Unternehmen geschalteten Anzeigen unterstützen die Kontrahenten auch jede Verkaufsstelle des jeweiligen Produkts mit Anzeigen. Dies führt dazu, dass Händler das Salz mal vom einen und mal vom anderen Unternehmen beziehen und so immer wieder in den Genuss kostenloser Werbung kommen.

Aber Anzeigen sind nicht die einzigen Mittel: Angestellte, die unzufrieden sind, werden von der jeweils anderen Firma mit höheren Gehaltsangeboten abgeworben. Bei Kunden und Lieferanten bringen sich die Wettbewerber gegenseitig in Misskredit. Es herrscht *de facto* Kriegszustand, der auch vor den Schranken der Gerichte nicht endet. Aus Nichtigkeiten werden Streitigkeiten. Es geht um falsch zugestellte Bestellungen und verkehrt ausgelieferte Briefe. Auslöser für einen solchen Prozess ist eine Geldsendung, die für *A. W. Bullrich vorm. F. C. Stegmann* bestimmt ist, aber versehentlich in die Hände von Wilhelm Assmann (*C. W. Bullrich*) gerät. Ein gefundenes Fressen für die Boulevardpresse: »*Erstens unterschied die neue Bullrich'sche Firma sich von der alten seinigen nur durch den für das große Publikum kaum merkbaren Umstand, dass sie statt des Anfangsbuchstabens ›A‹ ein ›C‹ enthielt, also eine Verwechselung, wenn auch nicht direct provocierte, so doch begünstigte. Zweitens war das neue Geschäft, wie gesagt, in der Stralauer Straße fünf und dreißig eta-*

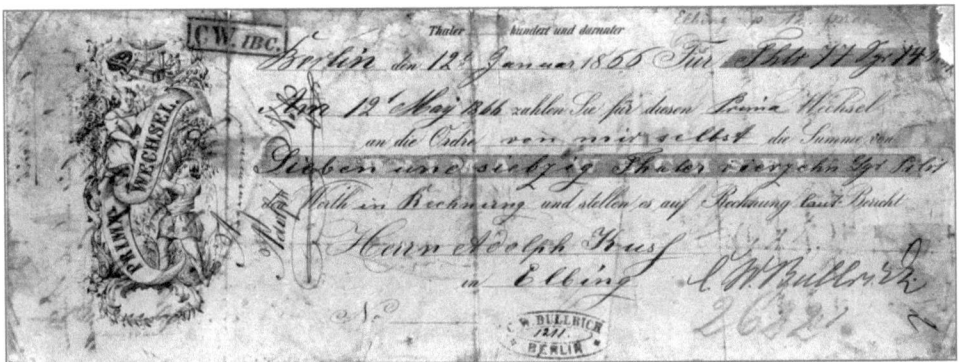

**Berlin, den 12. Januar 1866:** »*Am 12. May 1866 zahlen Sie für diesen Prima-Wechsel an die Ordre von mir selbst die Summe von Sieben und siebzig Thaler vierzehn Silbergroschen … *« C. W. Bullrich

*blirt, während das alte sich seit 20 Jahren in derselben Straße Nummer drei und dreißig, also dicht daneben befand, ein Umstand, der bei dem großen Publikum wiederum Verwechselungen hervorzurufen geeignet war. Drittens aber hatte der Käufer des neuen Geschäftes, der Angeklagte Aßmann, bei Zoll auch noch als Reisender fungirt, in dieser Stellung die Kundschaft des alten Geschäfts kennen gelernt und war dadurch in der Lage, dieselbe für das neue Geschäft ausbeuten zu können. Ob und inwieweit er dies gethan, wissen wir nicht, es ist in dem Prozesse bisher auch nichts darüber zur Sprache gekommen. Thatsache aber ist, dass bei der Aehnlichkeit der Firmen, der Art und Lage des Geschäfts – wie diese auf der Hand liegt – Verwechselungen bei den Bestellungen, der Correspondenz usw. vorkamen, durch welche Zoll sich benachtheiligt fühlte und es factisch auch wohl war. Im Wege einer solchen Verwechselung ist nun auch der oben erwähnte Geldbrief in Aßmanns Hände gekommen.«*

Über den Prozessausgang ist nichts bekannt; allerdings dürfte Zoll Sieger geblieben sein. Als am 15. März 1870 wieder einmal das Gericht einen Streit der Firmen durch ein Urteil beenden muss, wird Assmann in einer »*Injuriensache*« zu einer Zahlung von »*fünf Thalern wegen Beleidigung*« verurteilt.

Die Konkurrenz der beiden Unternehmen fußt auf dem persönlichen Zwist zwischen Wilhelm Zoll und Wilhelm Assmann aus ihrer gemeinsamen Zeit bei *F. C. Stegmann*, der mit dem Tode der beiden Kontrahenten nicht etwa abebben, sondern von ihren Witwen Anna und Emilie bis aufs Blut fortgesetzt werden wird.

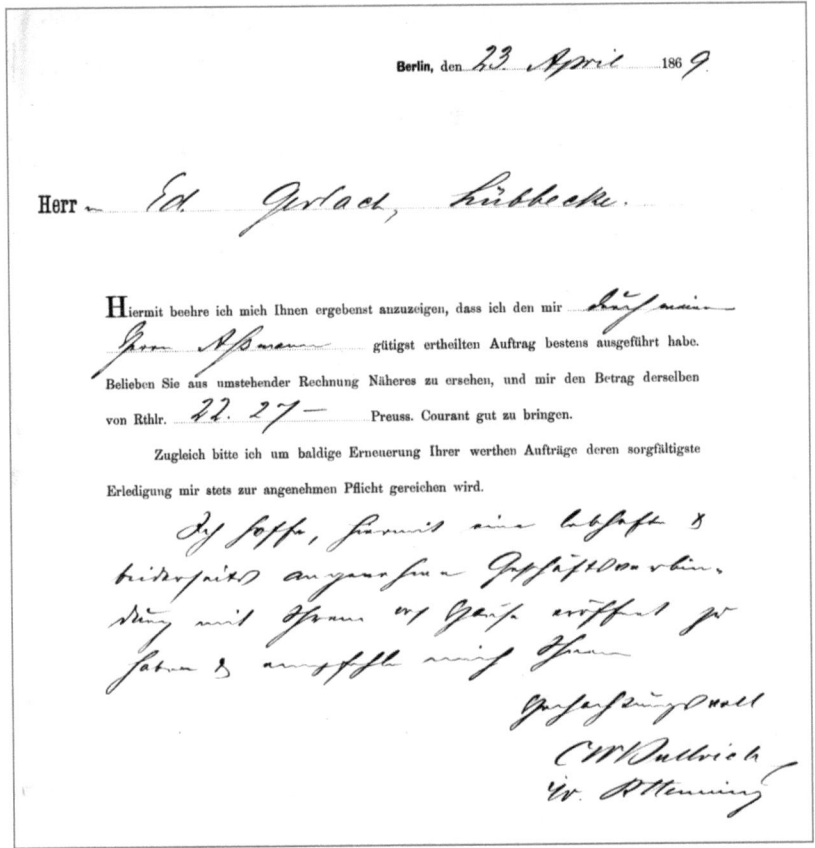

**Rechnung aus dem Hause C. W. Bullrich vom 23. April 1869:**

*»Ich hoffe, hiermit eine lebhafte und beiderseits angenehme Geschäftsbeziehung mit Ihrem w./ [werten] Hause eröffnet zu haben & empfehle mich Ihnen hochachtungsvoll …«*

Carl Wilhelm Bullrich stirbt am 30. September 1871 in Hamburg. Seine Witwe Christine verlangt von Wilhelm Assmann, dass die Zahlungen, die der Verstorbene für die Abtretung seiner Namensrechte erhielt, nun zu ihren Gunsten und denen der anderen Erben weitergeführt werden sollen. Assmann und seine Frau weisen dieses Ansinnen strikt zurück. Erst im Jahr 1881 wird eine einvernehmliche Lösung gefunden. Da Assmann bereits 1879 verstorben war, zahlt seine Witwe eine einmalige Abfindung an die Bullrich-Nachkommen. Als Alleinerbin führt Emilie Assmann das Unternehmen im Sinne ihres verstorbenen Mannes weiter. Auch wenn sie einige Jahre später noch einmal heiratet, behält sie die Leitung des Unternehmens. Henry Schommartz, ihr dritter Ehemann, bleibt außen vor.

Anfang der siebziger Jahre des 19. Jahrhunderts tritt der Apotheker **Emil Benade**[23] in die Firma *A. W. Bullrich vorm. F. C. Stegmann* ein. Der ausgebildete Pharmazeut wird nicht nur ein enger Mitarbeiter Zolls und seiner Frau, sondern auch ein guter Freund. Dies beweist sich, als Wilhelm Zoll am 25.12.1883 stirbt. Das Ableben Hermann Zolls 1888 und die Berufung Benades als Gesellschafter rufen die Erben der Brüder Zoll auf den Plan. Nun sind sie es, die Ansprüche auf das Unternehmen geltend machen. Die Klage wird abgewiesen, jedoch einigen sich die Parteien außergerichtlich auf eine Kapitalauszahlung.

[23] *Gustav Wilhelm Albert Emil Benade (1837-1893)*

23

| Bestell-No. | A. W. BULLRICH vorm. F. C. STEGMANN<br>Berlin W., Leipziger Strasse 30. | Preis per Dutzend |
|---|---|---|
| | | ℳ | ₰ |

# A. W. Bullrichsche Hausmittel.

| | ℳ | ₰ |
|---|---|---|
| **A. W. Bullrichs Universal-Reinigungs-Salz** in Original-Packeten, bei Abnahme von 5 kg per ¹/₂ kg . . . . . . . . . . . . . | — | 75 |
| **Aromatischer Badespiritus** geg. Rheumatismus | 6 | — |
| **A. W. Bullrichs Extrait de Genièvre composé.** Derselbe hat sich als ein vorzügliches Mittel wider die Cholera bewährt . | 9 | — |
| **A. W. Bullrichs doppelter Pomeranzen-Extrakt**, ein magenstärkendes Mittel in ¹/₁ Flaschen | 12 | — |
| in ¹/₂ do. | 6 | — |
| **Aromatischer Augentaback** in Schachteln, zum Schnupfen, ist ein bewährtes Mittel, Flüsse zu beseitigen und besonders Verstopfungen in der Nase und des Thränenkanals schnell und sicher zu heben . . . . . . . . | 2 | — |

**Aus der Preisliste von 1892:**
Auch andere Produkte führten den Familiennamen »Bullrich«

Nach dem Tode Wilhelm Zolls hatte sich Benade liebevoll um die Witwe gekümmert. Die Folge: Es entwickelt sich zwischen beiden eine tiefe Zuneigung,
die durch die Heirat im Jahre 1884 legitimiert wird. Für Anna Benade begin-
nen die schönsten Jahre ihres Lebens; mit 42 Jahren erblüht sie noch einmal
wie eine späte Rose. Viele Jahre später wird sie sich noch in tiefer Liebe des
Mannes erinnern, mit dem sie bis 1893 eine äußerst harmonische
Ehe und eine ebenso erfolgreiche Firma geführt hat. Nach Benades Tod am 26. April 1893 holt die Witwe ihren jüngeren
Bruder **Otto Bullrich** aus Teupitz, wo er den väterlichen
Gasthof und einen Holzhandel betreibt, nach Berlin. Er
tritt zunächst als Prokurist in die Firma ein und wird 1895
Mitinhaber. Bis zum Jahre 1912 teilt er sich die Geschäfts-
führung mit seiner Schwester.

    1894 ist *A. W. Bullrich vorm. F. C. Stegmann* so sehr gewachsen, dass
der Sitz in der Stralauer Straße aufgegeben und in größere Räumlichkeiten an
der Schönhauser Allee 167 verlegt wird. Die Filiale in der Leipziger Straße
bleibt bestehen. Auch *C. W. Bullrich* bezieht neue Geschäftsräume in der
Neuen Grünstraße 4. Mit der räumlichen Trennung der beiden Unternehmen
kehrt aber keine Ruhe ein. Auch wenn zunächst keine weiteren Prozesse überliefert sind, ist davon auszugehen, dass keine der Parteien eine Gelegenheit
auslässt, um der Gegenseite zu schaden.

Am 23. Februar 1895 erschüttert ein Kapitalverbrechen die Firma *C. W. Bullrich*. Die Inhaberin Emilie Schommartz wird von ihrem Mann erschossen. Um der Strafverfolgung zu entgehen, begeht Henry Schommartz kurz darauf Selbstmord. Die Berliner Presse berichtet tags darauf:

»*Ein Doppelmord endete gestern das Leben eines Ehepaars. In der Neuen Grünstraße 4 II, Berlin C., wurde um 1/4 10 Uhr Abends die Kaufmannsfrau E. Schommartz, die Besitzerin der Firma C. W. Bullrich, Fabrik des C. W. Bullrich'schen Salzes, von ihrem Manne, mit dem sie in der Scheidung stand, durch einen Revolverschuß getötet. Dann erschoß der Mann sich selbst. Die Frau war ungefähr 55 Jahre alt, der Mann etwa einen Monat jünger. Durch die Schüsse wurden die Nachbarn alarmirt; sie holten die Polizei zu Hilfe. Beide Eheleute waren todt.*«

Über die Hintergründe und familiären Besonderheiten dieser grausigen Tat ist die Presse, namentlich das »Berliner Tageblatt«, bestens informiert:

»*Schommartz war ein überaus leichtsinniger Mann, der, als er die Ehe mit seiner Frau einging, lediglich wohl auf ihr Vermögen spekulirt hatte. Dieses Vermögen war ziemlich bedeutend, da sie außer dem Hause Neue Grünstraße 4 und dem dort betriebenen Geschäfte ein Kapital besaß, das ihr 7000 M. jährliche Zinsen brachte. Er steckte in großen Schulden, von denen allerdings seine Frau, der er sich stets als vermögender Mann aufgespielt hatte, nicht das Mindeste ahnte. Erst als verschiedene Frauenspersonen, mit denen er Liebeshändel unterhalten hatte, bei ihr erschienen, wurden ihr die Augen über den wahren*

*Charakter ihres Mannes geöffnet. Wiederholt versuchte sie nun, ihn im guten zur Trennung zu veranlassen, sicherte ihm sogar für sein ganzes Leben monatlich 150 M. zu, falls er sie freiwillig verließe. Schommartz ließ sich auf nichts ein und wurde, da seine Frau sich im Geldgeben nicht so gefügig zeigte, wie er gehofft hatte, dermaßen brutal gegen sie, dass sie genöthigt war, zu ihrem Schutze einen kräftigen Hausdiener einzustellen. Gleichzeitig ließ sie die Klage auf gerichtliche Scheidung einreichen.*«

Anna Benade geb. Bullrich befürchtet wegen der Vorkommnisse in dem konkurrierenden Unternehmen eine Gefahr für den Ruf des Namens Bullrich; andererseits sieht sie aber eine gute Gelegenheit, Werbung in eigener Sache zu machen. Noch am gleichen Tage gibt sie eine Stellungnahme ab:

*»Die auf so entsetzliche Weise ums Leben gekommene verehelichte Schommartz, verwitwete Aßmann, Inhaberin der Firma C. W. Bullrich, ist niemals mit einem Herrn Bullrich verheiratet gewesen; vielmehr hat der in Rede stehende Aßmann seiner Zeit nur deshalb einen Herrn namens Bullrich als Socius aufgenommen, um so firmiren zu können. Diese Firma steht somit in keinerlei Beziehung zu der wohlbekannten, vor etwa 70 Jahren begründeten Firma A. W. Bullrich vorm. F. C. Stegmann, die auch heute noch im Besitze der Familie Bullrich ist.*«

Da Emilie Schommartz keine Nachkommen hat, sind ihre Geschwister und deren Abkömmlinge erbberechtigt. Aber keiner der Erben ist kaufmännisch begabt oder hat ein Interesse daran, das Haus mit Produktionsstätte und Ladenlokal zu übernehmen oder gar weiter zu führen. Sie liquidieren das Erbe und verkaufen die Firma zum 23. August 1895 für 18.640,– Mark.

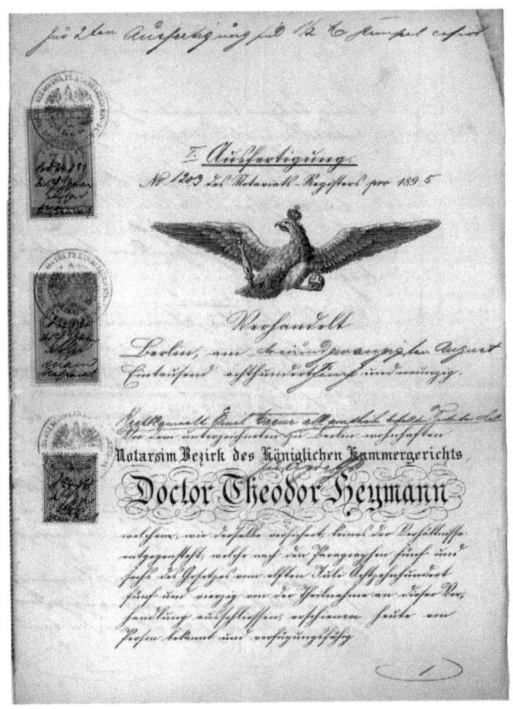

**Kaufvertrag über die Firma »C. W. Bullrich« vom 23. August 1895**
zwischen den Erben Haag, vertreten durch Eduard Ferdinand Haag,
und dem Rentier Julius Friedrich Gottlieb Spielhagen

Mit dem Erwerb des Unternehmens *C. W. Bullrich* durch den
Rentier **Julius Spielhagen**[24] gehen die Streitigkeiten zwischen beiden Firmen in die nächste Runde. Spielhagen ist
rührig und mit allen Wassern gewaschen. An ihm hätte der
alte August Wilhelm Bullrich seine helle Freude gehabt,
stünde er nicht auf Seiten der Konkurrenz. Spielhagen geht
gleich ans »Eingemachte«.

Am 12. Mai 1894 war das »*Gesetz zum Schutz von Waarenbezeichnungen*«, Vorläufer des heutigen Markenrechts, erlassen worden.
Mittlerweile reichten die wenigen bis dahin gültigen gesetzlichen Schutz-
mechanismen nicht mehr aus, um der Flut an Marken, Produkten und Ideen
Herr zu werden. Durch eine Eintragung sollte zukünftig nachweisbar sein,
wer im Zweifel die älteren Rechte vorweisen konnte. Obwohl Spielhagen weiß,
dass »seine« Bullrich-Firma erst 1863 gegründet wurde, und *A. W. Bullrich
vorm. F. C. Stegmann* wesentlich länger am Markt operiert, beantragt er am
6. September 1895 Markenschutz für das Etikett seines Produktes »Bullrich's
Universal-Reinigungs-Salz«, der am 12. November 1895 unter der Nr. 11035
eingetragen wird. Die Möglichkeit dazu versteckt sich in einem klein gedruck-
ten Absatz im »*Gesetz zum Schutz von Waarenbezeichnungen*«. Dieser
bestimmt, dass Produkte, die bereits vor dem Inkrafttreten des Erlasses bestanden, bis zum 1. Oktober 1895 angemeldet worden sein müssen, um den ihnen

[24] *Julius Friedrich Gottlieb Spielhagen (1836-1914)*

zustehenden Schutz zu erhalten. Anna Benade, Inhaberin von *A. W. Bullrich vorm. F. C. Stegmann*, hatte diesen Termin schlicht übersehen. Ein Umstand, den Julius Spielhagen gerne für sich ausnutzt. Als Anna Benade ihr Versäumnis bemerkt, beauftragt sie den Ingenieur J. Leman mit der Wahrung ihrer Interessen gegenüber dem Kaiserlichen Patentamt. Am 24. April 1896 legt Leman der Behörde den historischen Sachverhalt dar und beantragt die Löschung des Zeichens.

Beim Streit um das bereits eingetragene Warenzeichen 11035, das Etikett der Verpackung, argumentiert Leman, dass *C. W. Bullrich* das Etikett der älteren Firma *A. W. Bullrich vorm. F. C. Stegmann* dreist kopiert habe. Das A. W.-Etikett zeige die 1844 bei der »*Ausstellung Vaterländischer Gewerbeerzeugnisse*« verliehene Medaille, die auf der Vorderseite den Kopf des Königs Friedrich Wilhelms IV. von Preußen und auf der Rückseite den Ort der Ausstellung, das Zeughaus, darstellt. Das C.W.-Etikett besitze eine viel zu ähnliche Aufmachung; hier sei es das Bildnis des angeblichen Firmengründers und ein nicht näher benanntes Gebäude, das bei genauerer Betrachtung als der neu

*Medaille von A. W. Bullrich*          *Medaille von C. W. Bullrich*

erbaute Reichstag zu erkennen sein könnte. Beide Abbildungen wären aber dazu geeignet, »*in den betheiligten Kreisen – in diesem Falle die sehr ausgedehnten Kreise der sogenannten mittleren und niederen Volksklassen – die Täuschung hervorzurufen, dass ein Staatswappen oder das eines Ortes, eines Gemeinde- oder Kommunalverbandes vorläge.*« Unter Bezugnahme auf verschiedene Paragraphen des Gesetzes sei eine derart beabsichtigte Täuschung des Publikums unzulässig und die Eintragung zu löschen. Als Hauptgrund für den Löschungsantrag führt Leman an, dass laut Vertrag zwischen Carl Wilhelm Bullrich und Wilhelm Assmann vom 3. April 1863 ausschließlich der Kaufmann Assmann berechtigt gewesen sei, die Firma *C. W. Bullrich* zu führen. Durch Assmanns Tod sei für die Erben wie auch den späteren Käufer und jetzigen Besitzer Julius Spielhagen das Recht entfallen, die Firma zu führen und für sie Warenzeichen eintragen zu lassen. Nebenbei begründet er das Versäumnis der Frist zum 1. Oktober 1895 damit, dass »*dies an ihrer für eine Frau leichter verzeihlichen Unkenntnis der Folgen*« lag, »*die eine an sich moralisch höchst unberechtigte Eintragung wie die der Firma C. W. Bullrich mit sich bringen kann.*« Eine Anmerkung zum Thema »Frau und Geschäftsfähigkeit«: Zum Zeitpunkt dieser Argumentation führt Anna Benade bereits seit 34 Jahren höchst erfolgreich das Unternehmen. Offensichtlich sind Fehler leichter verzeihlich, wenn sie einer Frau unterlaufen ...

Die Situation ist völlig verworren. Beide Bullrichs sowie alle jemals in der Firma *C. W. Bullrich* leitend tätigen Menschen sind schon lange verstorben.

Die Firma *A.W. Bullrich* wird zwar von Anna Benade geleitet, die Rechts-
streitigkeiten jedoch hatten Wilhelm Zoll bzw. Emil Benade geführt; beide
sind ebenfalls tot. Spielhagen nutzt die Situation eiskalt aus und legt nach. Am
22. April 1896 meldet er »Bullrich Salz« als Warenzeichen an. Leman legt am
17. Juni 1896 auch gegen diese Anmeldung Widerspruch ein. Dabei kann er
sich aber nur auf das Hörensagen verlassen und bleibt in seiner Argumentation auf die wenigen von ihm belegbaren Fakten beschränkt.

Beide Firmen hätten ein »Bullrich's Universal-Reinigungs-Salz« oder kurz
»Bullrich Salz« auf den Markt gebracht; davon sei die Firma *A. W. Bullrich*
*vormals F. C. Stegmann* nachweislich früher gegründet worden und habe
demgemäß die älteren Rechte. Der Konkurrenzkampf der beiden Firmen sei
dem Umstande geschuldet, dass jahrelang kein gesetzlicher Schutz möglich
gewesen sei. Daraus dürfe aber nicht abgeleitet werden, dass die ältere Firma
ihr Individualrecht aufgegeben habe.

Julius Spielhagen hingegen besteht in den markenrechtlichen Streitigkeiten
darauf, dass die Unterscheidbarkeit der beiden Firmen durch die Verwendung
des jeweils abgekürzten Vornamens ausreichend gegeben sei. Als Beweis legt
er Druckereirechnungen mit entsprechenden Mustern vor und fügt ein Kon-
volut von Kaufverträgen und Eigentumsübertragungen bei. Um die Gegenseite nicht mehr aus der Deckung kommen zu lassen, meldet Spielhagen am
27. März 1897 als weiteres Wortzeichen »Bullrich Magensalz« an. Dies lehnt
das Kaiserliche Patentamt am 15. April 1897 allerdings ab. »Bullrich Salz« sei

bereits seit geraumer Zeit als Bezeichnung für doppeltkohlensaures Natron üblich und habe damit Verkehrsgeltung; ein Zeichen, »*welches ausschließlich aus Worten besteht, die eine Angabe über die Beschaffenheit der Waare enthalten*«, sei gemäß § 4 Ziffer 1 des Warenzeichengesetzes nicht eintragungsfähig. Daran ändere auch der Zusatz »Magen« nichts. Somit ist auch die Eintragung vom 22. April 1896 hinfällig. Die Eintragung vom November 1895, Nr. 11035, bleibt allerdings bestehen. Mit diesen Entscheidungen gibt sich keine der Firmen zufrieden – die Prozesslawine rollt weiter.

Aber es gibt nicht nur Berichte über Streitigkeiten und Unbilden. Im Jahre 1897 vermeldet die *Vossische Zeitung* einen Grund zum Feiern: »*Das 70-jährige Geschäftsjubiläum der bekannten Berliner Firma A. W. Bullrich vorm. F. C. Stegmann, das dieser Tage von der derzeitigen Inhaberin des Geschäftes, einer Nichte Bullrich's gleichen Namens, durch ein den Angestellten gegebenes Fest würdig gefeiert wurde, ruft die Erinnerung an eine originelle Gestalt Alt-Berlins wach. Das an den Molkenmarkt stossende Haus Stralauerstr. 33 stand damals in gutem Geruche, denn seit 1827 befand sich darin die Seifen- und Parfümeriefabrik von Franz Carl Stegmann, die im Jahre 1834 in den Besitz des Apothekers I. Kl. August Wilhelm Bullrich überging, der dem Hause die erwähnte Firma gab. Das Geschäft, das schon im Oktober 1827 bei der ersten Berliner Gewerbeausstellung eine ehrenvolle Erwähnung davongetragen hatte, nahm unter Bullrich einen bedeutenden Aufschwung, so dass ihm bei der zweiten Berliner Gewerbeausstellung 1844 ein besonders gestifteter Ehrenpreis zufiel. Aeltere Ber-*

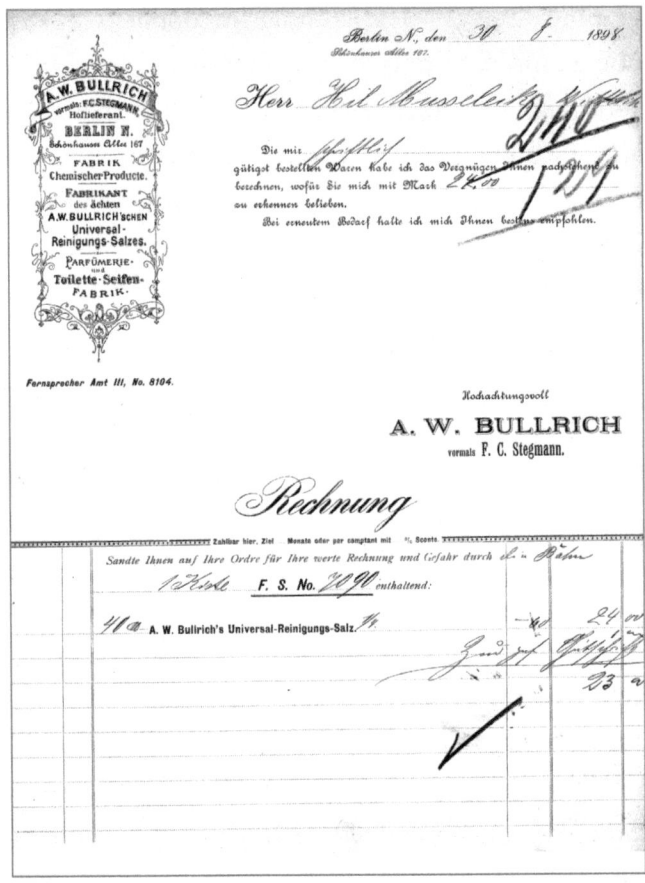

**Rechnung der Firma »A. W. Bullrich vorm. F. C. Stegmann« vom 30. August 1898:**
»Die mir schriftlich gütigst bestellten Waren habe ich das Vergnügen Ihnen nachstehend zu berechnen, wofür Sie mich mit Mark 24,00 zu erkennen beliebten.«

*liner werden sich wohl noch der originellen Persönlichkeit A.W. Bullrich's erin-*
*nern, der mit seinem trotz junger Jahre bereits schneeweissen Haare, seinem*
*durch eine scharfe Adlernase gezierten Gesicht und durch seine jedem Mode-*
*zwange abholde Tracht auffiel. Allgemein bekannt wurde er unter dem Namen*
*›Salz-Bullrich‹, nachdem er mit dem nach ihm benannten ›Bullrich Salz‹ in die*
*Oeffentlichkeit getreten war und dafür durch Wort und Schrift in der polytech-*
*nischen und anderen Gesellschaften erfolgreich eingetreten war.«*

Wie die Veröffentlichung zeigt, ist August Wilhelm Bullrich auch fast 40
Jahre nach seinem Tode unvergessen – er lebt in der Erinnerung, im Firmennamen und im Produkt weiter. Diesen Umstand will sich Otto Bullrich, der
1895 in eine leitende Position aufgerückt war, zunutze machen. Er nennt seinen ersten Sohn Adolph Wilhelm, um das traditionsreiche Kürzel A.W. neu
zu beleben. Schließlich soll er einmal das Unternehmen übernehmen. Doch
bis dahin ist der Weg weit – und voller unvorhersehbarer Wendungen.

Im Jahre 1900 übergibt Julius Spielhagen die Firma *C.W.*
*Bullrich* seinem Sohn. **Paul Spielhagen**[25] führt den Streit
mit Anna Benade um die Markenrechte nicht nur vor den
Schranken der Gerichte, sondern auch außerhalb fort. So
verschickt er 1902 einen Werbezettel an seine Kunden, der
die Entscheidung des Leipziger Reichsgerichts vom 16. Ok-

[25] *Paul Ernst Wilhelm Spielhagen (1870-1940)*

tober 1901 zitiert, nach welcher es ihm gestattet sei, die Bezeichnungen »*Original*« und »*Das echte Bullrich Salz*« zu verwenden. Anna Benade und Otto Bullrich reagieren mit einem »*Zur Klarstellung*« bezeichneten Brief mit dem Hinweis, dass das Wortzeichen »Original-Bullrich« unter der Nr. 25754 auf die Firma *A. W. Bullrich vormals F. C. Stegmann* eingetragen sei. Zur Verhinderung von Verwechslungen trügen diese Packungen ab sofort in roter Schrift den Aufdruck der eingetragenen Marke und der genannten Warenzeichennummer. Spielhagen reagiert prompt: Die eigenen Packungen zieren nun in allen vier Ecken schräg gesetzt das Wort »Original« – ein kluger Schachzug, der auch einer erneuten Prüfung des Gerichts standhält.

Jetzt wendet sich  wieder *A. W. Bullrich vorm. F. C. Stegmann* an die »*zahlreichen Abnehmer*«. In Anschreiben weisen die Inhaber 1903 darauf hin, dass zukünftig alle ihre Packungen das Bildnis des Erfinders, des Apothekers August Wilhelm Bullrich, gesetzlich geschützt unter der Nr. 58168, tragen werden. *C. W. Bullrich* kontert mit der »*Ankündigung an die verehrte Kundschaft, dass das allein echte C. W. Bullrichsche Universal-Reinigungssalz nur echt mit der Unterschrift C. W. Bullrich's*« sei.

Im Bestreben, den jeweiligen Wettbewerber zu übertrumpfen, haben beide Unternehmen – gewollt oder ungewollt – dafür gesorgt, dass es erstmals eindeutige Unterscheidungsmerkmale gibt. Zusätzlich revidiert das Patentamt am 8. November 1902 seine Auffassung über die Eintragungsfähigkeit des Begriffs »Original Bullrich Salz« und trägt die Marke unter der Nummer 60516 endgültig – nun aber für das Unternehmen *A. W. Bullrich vorm. F. C. Stegmann* in die Warenzeichenrolle ein.

Paul Spielhagen lässt sich davon nicht beeindrucken. Nun behauptet er, *»dass A. W. Bullrich nicht derjenige ist, welcher das Bullrich Salz erfunden hat«* und schreibt: *»werde* [ich] *eventl. noch später aus meiner bisher zurückgehaltenen Reserve heraustreten und bekannt geben, wer der eigentliche Erfinder des Bullrich Salz ist.«* Dies sind völlig neue Töne, die einer juristischen Prüfung aber nicht standhalten, da Spielhagen die Nennung des angeblich wirklichen Erfinders schuldig bleiben muss.

Anna Benade informiert 1912 ihre Kunden in großformatigen Anzeigen (*»Zur Aufklärung und Warnung!«*) und zitiert den ersten Satz der landgerichtlichen Urteilsbegründung: *»Unstreitig hat der Apotheker A. W. Bullrich als erster das sogenannte Bullrich Salz in den Handel gebracht.«* Damit lässt der langjährige Konflikt der Unternehmer nach. Sie sind zwar auch weiterhin scharfe Wettbewerber, aber die namens- und markenrechtlichen Streitigkeiten werden für beendet erklärt. In den Folgejahren müssen beide Firmen gemeinsam gegen Nachahmer vorgehen; ein besonders dreister Plagiator will den voneinander unabhängigen Unternehmen schaden, als er ein *»Magensalz, bekannt als A. W. & C. W. Bullrichs Universal-Reinigungs-Salz«* in den Handel bringt. Der Wettbewerber beweist damit – ohne es zu ahnen – viel Weitsicht.

Nun sind statt Juristen wieder Kaufleute gefragt und die Geschäfte verlaufen endlich wieder in geordneten Bahnen. *A. W. Bullrich vorm. F. C. Stegmann*

erzielt gute Umsätze in allen Warengruppen, ohne durch besondere Werbemaßnahmen aufzufallen. Paul Spielhagen, der die Firma *C. W. Bullrich* mittlerweile von der Neuen Grünstraße in die Flottwellstraße 1 verlegt hat, bietet
nach wie vor ausschließlich sein »Universal-Reinigungs-Salz« an und besinnt
sich in der Vermarktung auf die Tradition des seligen August Wilhelm Bullrich: Er präsentiert sein Unternehmen 1913 bei der »*Ersten Großen Süddeutschen Drogisten-Fachausstellung*« in München in einem hochmodernen Alu-
minium-Ausstellungspavillon und gewinnt damit eine Silbermedaille, die er

daraufhin auf allen seinen Packungen abdruckt. Genau so hatte es A. W. Bullrich fast 70 Jahre zuvor mit der 1844 gewonnen Bronzemedaille gemacht. Aber Spielhagen ruht sich auf den Meriten nicht aus. Er beschickt weitere Ausstellungen mit dem preisgekrönten Pavillon, der prompt in den Medien Erwähnung findet: Die Zeitschrift »Im Reich der Hausfrau und Mutter« schreibt:

*»Zunächst fällt der vornehme Aluminium-Pavillon von C. W. Bullrich auf, der mit den neuen Lichteffekten der A.E.G. ausgestattet ist und höchst geschmackvoll wirkt. Interessant ist es hier, die Tablettenmaschine mit elektrischem Antrieb in Tätigkeit zu sehen und dabei die Herstellung des bekannten ›Original C. W. Bullrich Magensalz‹ in gepresster Form zu beobachten, von dem Proben, ebenso Handtaschen, Reklamemarken usw. unentgeltlich verteilt werden. Der Hausfrau ist jedenfalls mit diesem Magensalz eine unentbehrliche Hilfe zur Seite gegeben.«*

Auch der Stand, mit dem Spielhagen den Berliner Weihnachtsmarkt 1913 beschickt, wird lobend erwähnt. Der »Berliner Lokal-Anzeiger« widmet der Selbstdarstellung des Unternehmens in der Rubrik »Bilder vom Tage« am 17. Dezember 1913 einen Artikel und vergisst auch nicht den Hinweis: »... *man achte jedoch beim Einkauf genau auf die Firma und die Adresse ›Original C. W. Bullrich, Berlin, Flottwellstraße 1‹ und weise alle ähnlich klingenden Präparate zurück.«*

1915 stirbt Otto Bullrich, der Bruder der mittlerweile 73-jährigen Anna Benade. Sein Tod ist nicht der einzige Schicksalsschlag, den sie hinnehmen muss. Der Erste Weltkrieg trifft das Unternehmen empfindlich; die Firma gerät in wirtschaftliche Schwierigkeiten. Ottos Sohn **Adolph Wilhelm Bullrich**[26] ist an der Front. Er kehrt 1918 zurück und übernimmt von 1919 bis 1920 nach dem altersbedingten Rückzug seiner Tante die Leitung; allerdings wird Anna Bullrich trotz jahrzehntelangen harten Schaffens die Früchte ihrer Arbeit nicht genießen können; Inflation und Weltwirtschaftskrise rauben ihr das Vermögen. Sie stirbt 1934 hochbetagt und verarmt.

Adolph Wilhelm Bullrich war im Krieg verschüttet worden und hatte sich davon nicht wieder erholt. Daher sieht er sich nicht in der Lage, das Unternehmen aus seinen wirtschaftlichen Schwierigkeiten herauszuführen. Paul Spielhagen hatte schon mehrfach Interesse an einer Übernahme angemeldet; er wollte die Firmen *C. W. Bullrich* und *A. W. Bullrich vorm. F. C. Stegmann* in eine Hand überführen. Der erste Vertragsversuch vom 18. Juni 1919 scheitert. Doch am 4. November 1920 ist es soweit. Paul Spielhagen bezahlt 100.000,–

---

[26] *Adolph Wilhelm Bullrich, genannt »A. W. II«*

Mark für den Namen des Unternehmens und die Markenrechte an »Bullrich Salz«. Bullrich wiederum will unter dem altbewährten Namen *A. W. Bullrich* den Geschäftsbetrieb mit den Produkten fortführen, mit denen die Firma vor Einführung des »Bullrich Salz'« handelte. An der Übereinkunft fällt auf, dass die Verwendung von Firmennamen und Marken eindeutig verabredet wird; darüber hinaus verpflichten sich beide Parteien, »*sich gegenseitig jeder Konkurrenztätigkeit zu enthalten, insbesondere kein Konkurrenzgeschäft zu gründen, oder zu betreiben, noch sich mittelbar oder unmittelbar daran zu beteiligen, noch auch mittelbar oder unmittelbar dafür tätig zu sein.*«

Beide Parteien haben aus der Geschichte gelernt: 25 Jahre lang hatten sich die Mitglieder der Familien Bullrich und Spielhagen bis aufs Messer bekämpft; rechnet man seit Wilhelm Assmann und der Gründung von *C. W. Bullrich* im Jahre 1863, dauert der Konflikt zwischen beiden Unternehmen sogar bereits länger als ein halbes Jahrhundert. Das soll nun endgültig genügen; der langjährige, erbitterte Konkurrenzkampf ist vorbei.

Adolph Wilhelm Bullrichs unternehmerisches Glück ist allerdings nicht von langer Dauer. Er gibt das Geschäft zur Herstellung von Seifen und Kosmetika nach wenigen Jahren wieder auf und nimmt eine Stellung bei Paul Spielhagen an. Dieser lässt die beiden Bullrich-Firmen zunächst noch nebeneinander laufen; erst im Jahre 1924 werden sie zusammengelegt; am 17. Dezember wird eine neue Firma ins Handelsregister eingetragen »*A. W. & C. W. Bullrich*«. Mit diesem Datum beginnt die Blütezeit des Bullrich-Salz'.

# Aufbruch zum Erfolg

NUN SIND SIE also endlich friedlich vereint, die beiden Brüder, die immer als Gegner betrachtet wurden, obwohl sie niemals geschäftlich mit- oder gar gegeneinander zu tun hatten. Die aus der Konkurrenzsituation der beiden Unternehmen erwachsenen Probleme sind nun hinfällig. Es gibt neue Aufgaben zu meistern; die Devise heißt: »Aus zwei mach' eins!« Das aber klingt leichter als es ist. Der Standort an der Schönhauser Allee bietet keine Erweiterungsmöglichkeiten; also wird die alte *C. W. Bullrich*-Residenz in der Flottwellstraße der neue Firmensitz. Aber auch hier werden die Räumlichkeiten langsam, aber stetig zu klein. Auch ist der Maschinenpark veraltet. Die Exzenter-Komprimiermaschine, mit der 1913 dem staunenden Publikum auf der *Großen Süddeutschen Drogisten-Fachausstellung* in München und dem Berliner Weihnachtsmarkt die Tablettenproduktion vorgeführt wurde, ist mittlerweile ein Museumsstück und in ihrer Produktionskapazität ausgereizt. Investitionen werden notwendig.

Auf der Suche nach einer neuen Produktionsstätte wird Paul Spielhagen bald in der Kurfürstenstraße 19 fündig, nicht weit entfernt vom alten Standort. Buchhalter Paul Wever erhebt mahnend seine Stimme: Der Kaufpreis sei zu hoch, und eventuell notwendige Erweiterungen nur mit großem Aufwand durchzuführen. Doch Spielhagen setzt sich durch. Die neue Fabrik ist nur ei-

**Liefergespann vor der Fabrik Kurfürstenstraße 19 (1928)**
Das Relief über der Toreinfahrt zeigt A. W. Bullrich, den Erfinder des »Bullrich Salz'« von 1827

nen Steinwurf von seiner Wohnung entfernt, allerdings entfällt der Vorteil bald, denn der Unternehmer bezieht eine andere Wohnung.

*Paul Wever wird in einem Punkt Recht behalten: 1937 wird ein kostspieliger Anbau erforderlich. Im selben Jahr muss auch ein separater Luftschutzraum gebaut werden. Das vierstöckige, mit Eisenträgern außerordentlich stabil armierte Fabrikgebäude kann nicht, wie eigentlich gefordert, unterkellert werden.*

Investitionen erfordern Geld. Spielhagen und Wever machen Kassensturz. Inflation und die anschließenden Währungsreformen – die Goldmark wurde 1923 zunächst von der Rentenmark, 1924 von der Reichsmark ersetzt – haben ihre Spuren hinterlassen. Nun bedarf es kreativer Ideen, die aber nicht viel kosten dürfen. Paul Spielhagen, ein brillanter Organisator, ist in seinem Element.

Für eine recht kleine Firma wie *A.W. & C.W. Bullrich* sind die Werbemaßnahmen, die der Unternehmer ergreift, ganz schön modern. Man könnte meinen, dass sich die Geschichte wiederholt; Spielhagen scheint der legitime Nachfolger des ebenso rührigen wie streitbaren Apothekers August Wilhelm

Bullrich zu sein: In bester Tradition des »Ahnherrn« scheut er sich nicht, die Grenzen der Legalität auszuloten, allerdings ohne sie jemals zu überschreiten.

Zunächst einmal heißt es, Bekanntheit zu schaffen. Aus Kostengründen beschränkt sich Spielhagen zunächst auf Berlin und das Umland. An Haushaltungen werden Gratisproben und Prospekte verteilt; an den Ausfallstraßen und in den Ortschaften rund um Berlin montieren Spielhagen und Wever – intern nur *Paul & Paule* genannt – gelbe Blechschilder, deren schwarze Prägeschrift weithin sichtbar für »*Original Bullrich-Magen-Salz*« wirbt.

Bereits wenige Jahre nach der Übernahme des Unternehmens im Jahre 1900 hatte Paul Spielhagen für *C.W. Bullrich* ein Reklamekonzept entwickelt, das mit der Ästhetik der Kolonialzeit operierte. Das Deutsche Reich war zu dieser Zeit Kolonialherr über Deutsch-Neuguinea, Kiautschou (China), Deutsch-Südwestafrika, Samoa, Deutsch-Ostafrika, Kamerun und Togo. Die Präsentation dieser Ästhetik auf Reklamemarken, in der Schaufensterdekoration und auf Plakaten entsprach der damaligen in Deutschland wie auch weiten Teilen Westeuropas vorherrschenden Auffassung von afrikanischen Verhältnissen, die freilich mit der Realität überhaupt nichts gemein hatte und heute ebenso naiv wie diskriminierend anmutet. Übrigens wird die Vorstellung vom paradiesisch einfachen Leben der Eingeborenen bis weit über das Ende der Kolonialzeit hinaus gepflegt: Noch 1947 heißt es im Text eines (west-)deutschen Schlagers, der nach heutiger Bewertung als »*politically incorrect*« eingestuft

werden müsste: »*Barbara, Barbara, komm mit mir nach Afrika, wo die kleinen Negerlein noch tanzen Ringelreih'n!*«[27] Aber zu Kaisers Zeiten ist »*political correctness*« kein Thema. Man erfreut sich an ungewöhnlichen Einfällen. Walter Benjamin[28] notiert angesichts eines solchen Plakates mit Kolonialbezug für

[27] *Musik: Willy Berking, Text: Willy Tom Stassar – gesungen u. a. von Evelyn Künnecke*
[28] *Walter Benjamin (1892-1940), deutscher Philosoph und Schriftsteller*

sein monumentales, nie abgeschlossenes »*Passagenwerk*«: »*Vor vielen Jahren sah ich in einem Stadtbahnzuge ein Plakat. Ich wusste nur, dass es sich um ›Bullrichsalz‹ handelte und daß die Originalniederlage dieses Gewürzes ein kleiner Keller in der Flottwellstraße war, an dem ich jahrelang mit der Versuchung vorbeifuhr, hier auszusteigen und nach dem Plakate zu fragen. So sah es aus: Im Vordergrunde der Wüste bewegte sich ein Frachtwagen vorwärts, den Pferde zogen. Er hatte Säcke geladen, auf denen ›Bullrich-Salz‹ stand. Einer dieser Säcke hatte ein Loch, aus dem Salz schon eine Strecke weit auf die Erde gerieselt war. Im Hintergrunde der Wüstenlandschaft trugen zwei Pfosten ein großes Schild mit den Worten ›Ist das Beste‹. Was tat aber die Salzspur auf dem Fahrwege durch die Wüste? Sie bildete Buchstaben, und die formten ein Wort, das Wort: ›Bullrich Salz‹.*«

Der Benjamin-Text beeindruckt noch viele Jahre später. Der Berliner Kultursenator Christoph Stölzl zitiert »*Benjamins Hommage an die visionäre Kraft des Plakates*« und damit auch die beschriebene Bullrich-Werbung im Vorwort zum Katalog der Ausstellung »*Kunst! Kommerz! Visionen! Deutsche Plakate 1888-1933*«, die im Frühjahr 1992 im Deutschen Historischen Museum in Berlin eröffnet wird. Und in einer Ausgabe der Zeitschrift *Das Argument* befasst sich Wulf D. Hund 2012 unter dem Titel »*Prädestination in der Wüste*« intensiv mit Benjamins Text – der, wie er sie nennt, »*Marginalie zu einer Fata Morgana von Walter Benjamin*«.[29]

[29] »*Das Argument – Zeitschrift für Philosophie und Sozialwissenschaften*« 300/2012, S. 833 ff.

Die mit den kolonialen Motiven versehenen Plakate und Reklamemarken, die schon 1913 bei Ausstellungen an Standbesucher verschenkt worden waren, stehen auch nach Ende des Kaiser- und Kolonialreiches im Zentrum der Bullrich-Werbung. Sie gelten als Vorläufer der im Volksmund »Bullrich-Neger« oder »Bullrich-Riesen« genannten Affichenmänner, die Mitte der zwanziger Jahre durch Berlin ziehen und sogar in Zeitungen mit der Bildunterschrift »*Originelle und wirkungsvolle Reklamefiguren, denen wir jetzt oft in den Straßen Berlins begegnen*« abgebildet werden. Die überlebensgroßen Pappmaché-Figuren mit »Negerköpfen« und Werbebotschaften auf den langen Mänteln, die ihre Träger völlig verhüllen und ihnen zur Orientierung nur einen schmalen Schlitz in Augenhöhe bieten, sind bald Stadtgespräch ... und die Berliner Kinder laufen den Figuren johlend hinterher. Sogar ein filmisches Denkmal wird ihnen gesetzt: 1927 dreht Walter Ruttmann »*Berlin – Die Sinfonie der Großstadt*«. Der Filmklassiker zeigt in einer Szene einen solchen Bullrich-Reklametrupp auf den Straßen der Hauptstadt.

Die Markenbekanntheit steigt zusehends, und damit sowohl Umsatz wie auch Gewinn. Neue Maschinen werden angeschafft und der Werbeetat erhöht. Betrugen die Ausgaben 1926 allein für Zeitungs-Propaganda 9.324,– RM, so steigen sie 1927 auf 16.186,– RM und 1928 auf 20.688,– RM. Geschaltet werden Anzeigen in Tageszeitungen und Illustrierten. Der breite Anwendungsbereich für Gesundheit, Haus und Küche führt dazu, dass Verwendungstipps für »Bullrich Salz« nun auch häufig im redaktionellen Teil der Presse erwähnt werden. Diese kostenlose Werbung lässt sich Spielhagen gefallen; so etabliert

sich das Produkt als Hausmittel. Einen weiteren Bekanntheitsschub erfährt die Marke, als Paul Spielhagen 1929 beginnt, zeitgemäß humorvolle Reklameverse[30] zu dichten. Einer der bekanntesten Verse: »*So nötig wie die Braut zur Trauung ist BullrichSalz für die Verdauung*« wird im Laufe der Zeit eine Eigendynamik erfahren, so dass ihm ein eigenes Kapitel (»*Der Vers mit der Braut*«; S. 95) gewidmet ist.

Die Bullrich-Verse werden Selbstläufer; viele bringen es zum geflügelten Wort. Da immer Vers das Wort »*Bullrich*« oder »*Bullrich Salz*« verwendet wird, sind die Reime untrennbar mit der Marke verbunden.

Die Deutschen reagieren in höchstem Maße kreativ. Waschkorbweise erreichen den Hersteller Zuschriften aus dem ganzen Reichsgebiet; fast alle enthalten selbstgedichtete Verse[31], mit denen die Autoren hoffen, neben literarischem Ruhm auch noch die eine oder andere Mark als Autorenhonorar einstreichen zu können, wobei die Vorstellungen der Honorierung stark differieren: Gibt sich der eine Einsender noch mit ein paar Groschen zufrieden, verlangt ein anderer vollmundig einhundert Reichsmark für sein Werk.

[30] *siehe Kapitel »Gut gereimt ist halb geworben« (Seite 80)*
[31] *siehe Kapitel »Werte Firma« (Seite 171)*

Ja schon der Jäger aus Kurpfalz nahm oft und gerne "Bullrich"-Salz.

1929 schnellen die Werbeausgaben auf 147.231,– RM; 1933 wird das Budget alleine für Anzeigen sogar 154.687,– RM betragen. »Bullrich Salz« ist mittlerweile tatsächlich – wie das Kaiserliche Patentamt schon 1897 feststellte – zum generischen Begriff geworden: Natron heißt beim Verbraucher schlicht *Bullrich*. Auch heute gibt es ähnliche Beispiele: Papiertaschentücher heißen *Tempo*; Speisewürze heißt *Maggi*.

Mit Beginn der dreißiger Jahre kommt die Reklame richtig ins Rollen. In

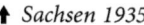

↑ *Berliner U-Bahn (1934)*   ↓ *Berlin 1936*      ↓ *Leipzig (1937)*      ↑ *Sachsen 1935*

Hamburg 1938

Dortmund (1941)

vielen Städten fahren Verkehrsmittel mit Werbung für »Bullrich Salz« durch die Straßen und sorgen so für Aufmerksamkeit. In den späten Zwanzigern und den frühen dreißiger Jahren des 20. Jahrhunderts hält sich die Reizüberflutung mit Werbung noch in Grenzen; Reklame wird anders wahrgenommen als heute. Auch die Begeisterung für laufende Bilder macht sich Spielhagen zu Nutze: Kinowerbung mit Glasdias und kleinen Filmen sorgt für regelmäßige Präsenz; auch im Rundfunk ist »Bullrich Salz« mit Durchsagen vertreten. Den Vogel schießt das Unternehmen jedoch mit einem kleinen Werbeträger ab, der heute normal, aber damals völlig neu ist: Alle Verkaufsstellen verpacken die Einkäufe ihrer Kunden in Papiertragetaschen, die mit einem Werbeaufdruck versehen und im Stadtbild äußerst auffällig sind.

Je weiter das Unternehmen wächst und gedeiht, umso mehr genießen Paul und Clara Spielhagen das Leben und widmen sich verstärkt ihren Hobbys und Leidenschaften. So erwerben sie das herrlich gelegene Gut »*Hohe Bude*« bei

Teupitz südlich von Berlin und nennen es als Reminiszenz an die Herkunft Ihres Vermögens *Bullrichs Höhe*«. So schließt sich ein Kreis, denn die Familie Bullrich stammte ja ursprünglich aus Teupitz und dem angrenzenden Schenkenländchen. Weiterhin verbringt das Ehepaar Spielhagen viel Zeit am Meer: Besonders Sylt hat es ihnen angetan, wie der nebenstehende Schnappschuss von 1935 belegt.

Die Geschäfte führt der Buchhalter Paul Wever, dem Spielhagen im Mai 1930 Prokura erteilt hat. Ganz alleine lässt er ihn allerdings nicht gewähren; er stellt ihm seinen Bruder, Bankdirektor i. R. Richard Spielhagen, zur Seite, um die geschäftlichen Aktivitäten im Auge zu behalten. So laufen die dreißiger Jahre aus kaufmännischer Sicht zur Zufriedenheit der Inhaber. Die Umsätze »brummen« bei regelmäßigen Steigerungsraten, die Werbung zeitigt Erfolg. »Bullrich Salz« hat sich im gesamten Deutschen Reich – und nicht nur dort – etabliert und ist das Mittel der Wahl bei Sodbrennen, Magendruck und Völlegefühl. Eine Kurzchronik des Jahres 1937 verzeichnet, dass das Unternehmen in diesem Jahr 43 Mitarbeiter zählt, von denen alleine 33 mit der Abfüllung und Verpackung der Produkte be-

*Die »Bullrich-Familie«:*
*1931 vor dem Gebäude Kurfürstenstraße (oben),*
*1932 im Lager (unten links) und 1935 im Hof*

schäftigt sind. Bald wird der Platz zu eng; der dringend notwendige Erweiterungsbau wird 1937 für 23.000,- RM fertiggestellt. Weitere 17.000,- RM verschlingt die Anlage des von den seit 1933 regierenden Nationalsozialisten vorgeschriebenen Luftschutzkellers. Zum Vergleich: Der Wochenlohn einer Packerin beträgt 1937 gerade einmal 30,- RM. Dafür bietet das Unternehmen seinen Mitarbeitern Abwechslung: Die Jahreschronik 1937 berichtet von einem Kameradschaftsabend am 6. Februar im Varieté »*Wintergarten*« nahe des Bahnhofs Friedrichstraße, einem gemeinsamen Besuch der »*Scala*« in der Schöneberger Lutherstraße am 19. April und einem Essen der Belegschaft am 3. Mai im Restaurant »*Schmolke*« in der Bülowstraße. Besondere Erwähnung findet weiterhin: »*Der Betriebsführer liess der Gefolgschaft wiederholt Obst, Spargel, Kuchen, Schweinekoteletts zukommen, Spenden, die dankbar angenommen wurden und immer grosse Freude auslösten.*« Und acht Tage vor Weihnachten wird jedem Mitarbeiter eine Gratifikation von 30,- RM gezahlt.

Den politischen Gegebenheiten kann sich das florierende Unternehmen nicht entziehen; regelmäßig führt die Deutsche Arbeitsfront Schulungen und Betriebsversammlungen durch. Allerdings halten die Nationalsozialisten nicht viel von »Bullrich Salz«. Auch wenn es keine nachweisbare Begründung gibt – die Anwendung nach reichlichem und fettem Essen passt so gar nicht in das Bild von Askese und Zurückhaltung, das die Herrscher seit 1933 unter dem Begriff »Volksgesundheit« predigen. Dem Unternehmen wird aber (noch) kein Stein in den Weg gelegt. Allerdings greift die Reichsregierung in den Markt ein und verfügt zum 15. November 1937 eine zehnprozentige Senkung der Verkaufspreise aller Markenartikel. Bei den Tablettenpackungen lässt sich das ohne Weiteres machen; für die Pulverpackungen wird als Ausnahme eine Erhöhung der Füllmenge um zehn Prozent akzeptiert. 1941 werden die Preise noch einmal per Gesetz reduziert. Aus kriegsbedingten Gründen kann der Handel darüber aber nur per Anzeige und Versandbeilage informiert werden.

**Neue Preise** *für*

Infolge der bestehenden Verhältnisse wird es uns vorerst n i c h t  m ö g l i c h sein, unsere Packungen mit *neuen* Preisaufdrucken zu versehen; wir bitten Sie deshalb, unsere nebenstehend angegebenen Verkaufspreise besonders zu beachten!

| Packungen | Inhalt | Einkauf | Verkauf |
|---|---|---|---|
| Pakete | ca. 110 g | 0.144 | **0.22** |
| Pakete | ca. 275 g | 0.27 | **0.45** |
| Pakete | ca. 550 g | 0.54 | **0.90** |
| Beutel | ca. 38 g | 0.04 | **0.07** |
| 1 Blechschachtel | ca. 155 Tabletten | 0.62 | **1.—** |
| 1 Röhre | ca. 18 Tabletten | 0.108 | **0.16** |
| Die obigen Verkaufspreise treten sofort für zu ermäßigten Preisen eingekaufte Ware in Kraft | | | |

*A . W . & C . W . B U L L R I C H  /  B E R L I N  W 3 5*

*Präsentation der Tabletten-Pressmaschinen auf der »Deutschland-Ausstellung«*
*Berlin 1936 (oben) und der Ausstellung »Gesundes Leben – Frohes Schaffen«*
*in Berlin 1938 (unten). Im Archiv der Berliner Maschinenfabrik Korsch findet sich*
*noch ein Dankschreiben von Paul Wever über die Unverwüstlichkeit der Maschinen.*

Ende 1938 tritt der Neffe der Inhabers, Paul Spielhagen jun., nach absolviertem ersten juristischen Staatsexamen in das Unternehmen ein. Zu diesem Zeitpunkt setzt der Inhaber ein Testament auf, demzufolge im Falle seines Ablebens seine Frau Clara das Unternehmen erbt. Ihr zur Seite stehen sollen der Prokurist Paul Wever sowie Paul jun., der zu diesem Zeitpunkt ebenfalls Prokura erhalten soll. Nach dem Tode Clara Spielhagens soll der Neffe dann Alleinerbe werden. Spielhagen trifft alle notwendigen Vorkehrungen, um die Familientradition des Hauses aufrecht zu erhalten.

Zum Leidwesen des Prokuristen arbeitet sich Paul jun. zügig in die Materie ein und entdeckt bald Unregelmäßigkeiten in der Buchführung. Zwar lässt sich nicht nachweisen, dass Wever Geld in die eigene Tasche abzweigt, dafür aber, dass er in seinem eigentlichen Metier überfordert zu sein scheint: Es ist dem Buchhalter unmöglich, eine einfache in eine doppelte Buchführung umzuwandeln. Spielhagen nutzt sein Wissen zwar nicht gegen den Prokuristen aus, aber Freunde werden die beiden Männer nicht.

1940 stirbt der Seniorchef; Clara Spielhagen erbt das Unternehmen, wie im Testament bestimmt, verbringt ihre Zeit aber überwiegend auf »Bullrichs Höhe« in Teupitz. Paul jun. wurde mittlerweile eingezogen und kämpft an der Front – Paul Wever führt das Unternehmen alleine; doch muss er sich den Entscheidungen Clara Spielhagens fügen, auch wenn sie ihm nicht passen. Zähneknirschend akzeptiert er 1942, dass die Inhaberin den Wunsch ihres verstorbenen Mannes erfüllt und ihren Neffen während eines Fronturlaubs als

Mitinhaber aufnimmt. Zu groß sind die persönlichen Ressentiments, die der Prokurist hegt. Außerdem ist er der Auffassung, aus seiner langen Betriebszugehörigkeit Rechte ableiten zu können, die er von Paul Spielhagen als Mitgesellschafter bedroht sieht. Die »Bedrohungen« kommen aber von ganz anderer Seite: Bereits 1939 als *kriegsunwichtig* eingestuft, muss das Unternehmen jederzeit befürchten, stillgelegt zu werden. Die Deutsche Arbeitsfront hatte bereits die endgültige Schließung des Unternehmens nach dem »*Endsieg*« angekündigt, da für »Bullrich Salz« dann keine Verwendung mehr bestünde. Paul Spielhagen jun. beschließt, zu retten, was zu retten ist, und tritt 1942 trotz Bedenken in die NSDAP ein. Wever bestärkt den Juniorchef in seinem Ansinnen; eine Firma, deren Chef aktiver Offizier und Parteigenosse (*Pg*) ist, wird man wohl nicht so einfach schließen.

In seinen Erinnerungen vermerkt der Prokurist, dass es ihm im Laufe der Kriegsjahre gelungen sei, »*einige einflussreiche Leute für die Interessen der Firma einzuspannen, unter ihnen zwei, die das goldene Nazi-Parteiabzeichen trugen, und – so absurd das klingen mag – auch einen jüdischen Herren, der über gute Beziehungen zu Partei- und Regierungsstellen verfügte.*« Außer den Aufzeichnungen des Prokuristen gibt es allerdings keine weitere Quelle, die das bestätigen könnte, denn Wever nennt weder Namen noch Funktionen. Tatsächlich kann das Unternehmen *A. W. & C. W. Bullrich*, wenn auch kriegsbedingt unter erschwerten Umständen, weiter produzieren. Die Produktionsstätte in der Kurfürstenstraße wird mit vorrangigen Wehrmachtsaufträgen des *Asid-Serum-Instituts* in Betrieb gehalten. Auf den Maschinen der Firma Bullrich werden nun Cholera-Tabletten und andere Medikamente zur Prophylaxe und Therapie schwerer Epidemien gepresst.

Dass auf Bullrich-Maschinen Cholera-Tabletten produziert werden, klingt wie ein Treppenwitz der Geschichte. Immerhin war es August Wilhelm Bullrich selbst, der in den fünfziger Jahren des 19. Jahrhunderts mit dem Berliner Stadtphysikus vehement um die Anerkennung des nach ihm benannten Salzes als Universal-Heilmittel auch bei Cholera stritt.

Doch im Krieg ist eine historische Betrachtung sekundär. Neben der Einholung von Aufträgen gilt es, das Personal zu halten, und das fällt schwer genug. Einer nach dem Anderen wird eingezogen oder dienstverpflichtet; Ersatz ist kaum zu finden. Auch Rohstoffe und Verpackungsmaterial sind auf dem regulären Weg fast nicht mehr zu bekommen – sogar mit Beziehungen wird die Versorgung immer schwieriger. Die Blechdosen für die Bullrich-Tabletten sind schon bald nach Kriegsbeginn nicht mehr lieferbar; das Material wird für die Versorgung der Truppe benötigt. Die Glasröhrchen, die mit jeweils 18 Tabletten bestückt in den Verkauf gelangen, müssen bald durch Pappröhren ersetzt werden. Die letzte Lieferung dieser Behelfsverpackungen aus der Tschechoslowakei fällt im Februar 1945 dem Inferno von Dresden zum Opfer. Zur Abfüllung des Bullrich-Pulvers sind ohnehin nur noch Flachbeutel erlaubt. Erstaunlicherweise gelingt es Paul Wever, mitten im Krieg eine vollautomatische Abfüll- und Verpackungsmaschine für Flachbeutel zu ergattern. Noch erstaunlicher: Die Maschine durchquert bei ihrer Anlieferung aus Cannstatt bei Stuttgart unbeschadet das halbe Reich.

Allen Bemühungen zum Trotz liegt 1944 doch der »*Stilllegungs-Bescheid*« auf dem Tisch. Allerdings ohne gravierende Konsequenzen, denn der Prokurist hat es vermocht, Teile der Maschinen und Rohstoffe nach Bernstadt in Schlesien, nahe Breslau, zu verlagern. *A. W. & C. W. Bullrich* hat sich mit anderen Unternehmen zu einer Kriegsarbeitsgemeinschaft[32] zu-

sammengeschlossen. Der »*Leiter des Produktionsausschusses der Fachgruppe Pharmazeutische Industrie der Wirtschaftsgruppe Chemische Industrie als produktionsbeauftragte Stelle des Reichsministers für Rüstungs- u. Kriegsproduktion*«, Dr. Thimann, bestätigt den beteiligten Firmen noch am 9. November 1944, dass sie zur Sicherung wichtiger Fertigungen so genannte *Herstellungsanweisungen* erhalten werden. Wever kann sogar in der Berliner Kurfürstenstraße unter dem Deckmantel der »*Abwicklung laufender Geschäfte*« mit der Produktion fortfahren.

---

[32] *Die Kriegsarbeitsgemeinschaft im Bernstadter Gewerbekomplex Briegerstraße 25/26 besteht aus den Berliner Firmen »Biocitin«, »Bio-Laboratorium«, »C. Mueller-Rath in Verbindung mit Dr. Robert Pfleger«, »Rheumella« und »A. W. & C. W. Bullrich«.*

Der Leiter des Produktionsausschusses der

Fachgruppe Pharmazeutische Industrie

in der Wirtschaftsgruppe Chemische Industrie

**Herstellungsanweisung**   Nr. 17/1/01037

Vordruck: **Hersta**

für die

Firma  A.W.&C.W.Bullrich

① in  B e r l i n  W.35

Kurfürstenstr. 19

Kriegsarbeitsgemeinschaft

Werk: Bernstadt/Schles,

Raum für den Genehmigungsvermerk des Produktionsausschusses der Wirtschaftsgruppe Chemische Industrie

Nr. 5479

Genehmigt   -1.DEZ.1944

Hierdurch erteile ich Ihnen die Anweisung, die nachstehend aufgeführten Erzeugnisse in den dort angegebenen Mengen

monatlich ........  bis auf Widerruf

in der Zeit vom ........ 194   bis ........ 194

herzustellen.

Die durch diese Herstellungsanweisung festgelegte Fertigung ist **kriegswichtig.**

**E r z e u g u n g**

| Lfd. Nr. | Erzeugnis | Herzustellende Menge |
|---|---|---|
| 1. | Bullrich-Salz  i.Pulver u.Tabl.Form | √ 23 000 kg |

Bitte wenden!

*Diese Herstellungsanweisung ist nur gültig mit dem Genehmigungsvermerk des Produktionsausschusses der Wirtschaftsgruppe Chemische Industrie.*

*Die Herstellungsanweisung Nr. 17/1/01037 vom 1.12.1944 zur Produktion von »Bullrich Salz« in Pulver- und Tablettenform sichert das Überleben des Unternehmens.*

Am 1. Dezember 1944 wird tatsächlich die Anweisung Nr. 17/1/01037 zur Herstellung von 23.000 kg »Bullrich Salz« in Pulver- und Tablettenform erteilt; noch im Januar 1945 werden Pakete mit Bullrich-Produkten per Bahn von Bernstadt aus in alle Himmelsrichtungen, unter anderem nach Erfurt, Landsberg, Kattowitz, Freiburg und Chemnitz expediert.

Als der Zweite Weltkrieg am 8. Mai 1945 für Deutschland mit der Kapitulation beendet wird, ist es gelungen, die Firma Bullrich in ihrer Existenz zu retten. Clara Spielhagen hat den Krieg auf ihrem Gut in Teupitz überstanden. Paul Spielhagen ist in Schleswig-Holstein in englische Kriegsgefangenschaft geraten. Paul Wever hat das Kriegsende in Berlin erlebt. Das Fabrikgebäude ist, in der damals amtlichen Sprache, eine Teilruine. Die Parterreräume hatten zunächst den Russen als Pferdeställe gedient, bevor sie wie die übrigen Räume ausgeplündert und verwüstet wurden. Das Dach fehlt, und das Wasser fließt direkt bis in die unteren Stockwerke. Aber – der Krieg ist vorbei.

# Gut gereimt ist halb geworben

EIN BELIEBTES STILMITTEL der Werbung ist der Reim, denn was sich reimt, bleibt besser im Gedächtnis haften. Ein klassisches Beispiel findet sich in den altüberlieferten Bauernregeln, bei denen einfache Zusammenhänge dazu dienen, komplexe Wetter-Vorgänge zu beschreiben und damit greifbarer zu machen. Dass auch dort Verbindungen konstruiert werden, wo sie eigentlich nicht hingehören, dient dem Erinnerungsvermögen; merkt sich das menschliche Gehirn doch eher die ungewöhnlichen Dinge als das Alltägliche.

Für die Bullrich-Reklameverse gilt das ebenso; hier kommt noch der weit hergeholte Vergleich dazu, frei nach dem bewährten Berliner Motto »*Haben Sie es nicht 'ne Nummer größer?*« findet sich sogar der deutsche Dichterfürst Goethe in der Galerie der Bullrich-Reime wieder. Der Überraschungseffekt der konstruierten Zusammenhänge ermöglicht es auch, dass die offene Ansprache eines so intimen Themas wie »Verdauung« offiziell akzeptabel ist.

Man kann über den Humor oder die Qualität der Bullrich-Verse durchaus unterschiedlicher Meinung sein, aber eines werden auch die ärgsten Kritiker eingestehen müssen: Die Werbung ist eingängig. Und sie funktioniert, weil in jedem Vers die Marke genannt wird. Natürlich gibt es mehr Gereimtes als den »*Jäger aus Kurpfalz*« oder die »*Braut zur Trauung*«, auch wenn diese Klassiker am häufigsten überliefert sind. Im Bullrich-Archiv findet sich eine lange Liste

mehr oder weniger bekannter, aber auf jeden Fall altehrwürdiger Werbeverse. Die überwiegende Anzahl der im Folgenden zitierten Verse sind nachweislich über 85 Jahre alt; das belegt die Freigabe vom 21. September 1933
durch den *Nationalverband der deutschen Heilmittelindustrie*; wahrscheinlich
wurden sie sogar schon Jahre zuvor verwendet. Trotz der Fülle besteht kein
Anspruch auf Vollständigkeit.

Daneben gibt es noch eine Vielzahl von Versen, die reimlustige Verbraucher
eingesandt haben. Einige davon sind im Kapitel »*Werte Firma!*« abgedruckt.
Übrigens: So schön manche Sprüche auch gereimt sein mögen, zu Werbe-
zwecken können sie nicht mehr verwendet werden, dazu legt das aktuelle
Heilmittelwerbegesetz die Indikationen zu eng aus. Aber unter historischen
Aspekten kommt man an diesen Schätzen der Reklamekunst nicht vorbei.

### BEI JEDEM BRAND DIE FEUERWEHR – BEI SODBRAND ABER BULLRICH HER!

*Am 5. März 1888 gründet der Amtmann Carl Bullrich in Heepen bei Bielefeld
die Freiwillige Feuerwehr. Nach ihm ist in Bielefeld eine Straße benannt.*

### BULLRICH SALZ HILFT GANZ FAMOS, IST MAL WAS IM MAGEN LOS

*»Famos« – das Studentenwort aus dem 19. Jahrhundert ist im deutschen Sprach-
gebrauch mittlerweile leider in den Hintergrund gedrängt worden. Es bedeutet
»prächtig« oder »großartig« und stammt vom lateinischen »famosus – viel be-
sprochen« ab. Und das kann sowohl »berühmt« als auch »berüchtigt« bedeuten.*

### DER KATER KOMMT VOM ALKOHOL, DOCH BULLRICH TUT DEM MAGEN WOHL

*Der Alkohol-Kater ist gekennzeichnet durch Kopfschmerzen, einem flauen Ge-*
*fühl »in der Magengegend« sowie einem allgemeinen Unwohlsein, das auch von*
*einer gereizten Magenschleimhaut herrührt. »Bullrich Salz« neutralisiert über-*
*schüssige Magensäure, die durch übermäßigen Alkoholgenuss produziert wird.*
*Dadurch können viele Symptome des Katers vermindert und manchmal sogar*
*verhindert werden. Der »Morgen danach« ist leichter zu ertragen ...*

### FÜR GENIESSER ÄUSSERST WICHTIG: BULLRICH-SALZ IST IMMER RICHTIG!

*Bei Genuss denkt man an Begriffe wie »Gourmet« oder »Gourmand«. Der*
*»Gourmet« ist ein Feinschmecker und Genießer, der auf Qualität und Raffinesse*
*beim Essen Wert legt. Der »Gourmand« hingegen ist eher an Mengen interessiert*
*und lässt sich auf Deutsch freundlich als »Vielesser« bezeichnen. Wer von beiden*
*mag wohl eher ein Magenmittel brauchen ...?*

### GROSS-HAMBURG RUFT AUS VOLLEM HALS: »HUMMEL, HUMMEL BULLRICH SALZ!«

*Auch wenn »Bullrich Salz« in ganz Deutschland ein Verkaufsschlager ist, geht*
*die Reklame auch auf regionale Besonderheiten ein. Für Hamburg gab es den*
*»Hummel, Hummel«-Vers in Anlehnung an den Wasserträger Hans Hummel*
*(eigentlich Johann Wilhelm Bentz, 1787-1854); ein grimmiger und missmutiger*
*Zeitgenosse, den die Kinder mit dem Spottnamen »Hummel Hummel« necken.*
*Da er meistens mit Wassereimern beladen ist, erwischt er die Kinder nur selten*

und kann ihnen im Höchstfall ein »Mors Mors« (von »Klei mi am Mors«, niederdeutsches Pendant des Götz-Zitates) hinterherrufen. »Hummel Hummel – Mors Mors« gilt als Hamburger Gruß, obwohl er selbst von Einheimischen nur noch selten verwendet wird.

### GUT ESSEN, GUT KAUEN – MIT BULLRICH VERDAUEN

Einer der ganz frühen Werbeverse, der auch empirisch belegbar ist: Gutes und ausreichendes Essen dient der Gesunderhaltung und dem Wohlbefinden, gutes und ausdauerndes Kauen regt Speichel und Magensäfte an, was die Verdauung vereinfacht.

### Hat Dein Corpus etwas Stauung, Bullrich fördert die Verdauung

*So biedermeierlich und altertümlich schön dieser Spruch auch klingen mag – gegen die beschriebenen Stauungen im Körper hilft »Bullrich Salz« nur indirekt.*

### Hört Ihr Leut' und lasst Euch sagen: Bullrich Salz kuriert den Magen

*Eine Abwandlung des traditionellen Nachtwächterlieds »Hört Ihr Leut' und laßt Euch sagen, unsere Uhr hat ... geschlagen«. Es ist in ganz Deutschland bekannt, besitzt aber in fast jeder Region einen anderen Text. Ein Denkmal wurde diesem Lied in Richard Wagners 1868 in München uraufgeführter Oper »Die Meistersinger von Nürnberg« gesetzt. Aus Schwaben ist eine Verballhornung überliefert: »Hört, ihr Leut und laßt Euch sagen: unser Glock' hat gar nix geschlagen! 'S woiß koi Sau, wie d'Zeit dass ischt, standet uf, wenn's Tag ischt!«*

### In Haus und Küche jedenfalls braucht jede Hausfrau Bullrich Salz

*Seit vielen Generationen haben Millionen von Hausfrauen »Bullrich Salz« als eines der vielseitigsten und preiswertesten Universalmittel in Haus und Küche erfolgreich verwendet und für die verschiedensten Zwecke ausprobiert.*

### Ist Dir schlecht, so kann Dich retten Bullrich Salz – auch in Tabletten

*Mit diesem Reim wurden die Tabletten beworben, die für manche Menschen in der Handhabung einfacher sind. Aber der Effekt ist derselbe, wenn das Unwohlsein von überschüssiger Magensäure herrührt.*

### SCHON DER »JÄGER AUS KURPFALZ« NAHM OFT UND GERNE BULLRICH SALZ

*Der »Jäger aus Kurpfalz« ist trotz seines regionalen Bezugs überregional bekannt geworden. Die Kurpfalz bezeichnet ein Territorium im Süden Deutschlands, dem Teile der heutigen Länder Rheinland-Pfalz, Hessen, Baden-Württemberg, Bayern (»Oberpfalz«) sowie das Elsass zuzurechnen sind. Ursprünglich soll das Volkslied dem Erbförster Friedrich Wilhelm Utsch (1732-1795) gewidmet gewesen sein. Mittlerweile datiert die Volksliedforschung die Entstehung aber auf das späte 16. Jahrhundert. Daher dürfte eher der Pfalzgraf Johann Casimir (1543-1592) in Frage kommen, der ein leidenschaftlicher Jäger war.*

### KOMMST SEEKRANK DU IN HAMBURG AN, NUR BULLRICH SALZ DICH RETTEN KANN

*Ein schönes Bonmot unter Seeleuten: Wenn alle Zutaten in kleinste Teile geschnitten oder sogar durch den Fleischwolf gedreht auf den Tisch kommen, heißt es: »Wenn du seekrank wirst, hast du wenigstens nicht umsonst gekaut.«*

### LABSKAUS, KÖHM, 'NE PIEP IM MUND – UND BULLRICH-SALZ, DAS HÄLT GESUND

*Der Name »Labskaus« wurde dem englischen »lobscouse« oder »lobscourse« entlehnt und heißt in etwa »Essen für derbe Männer«. Das 1701 erstmals erwähnte Gericht für Seefahrer enthält nur Zutaten, die auch auf einem Schiff mitgeführt werden konnten: Pökelfleisch, Kartoffeln, Zwiebeln und Speck. Modernere Varianten enthalten auch Rote Bete und andere Zutaten. Jedes Labskaus-Rezept ist natürlich ein Original – da versteht der Norddeutsche keinen Spaß. Aber nach einem guten Essen (nicht nur nach Labskaus) sind sich alle einig: Dazu gehört der »Köhm«, die niederdeutsche Variante des Kümmelschnaps'.*

### LIMONADE KÜHL UND FRISCH SCHAFFT EUCH BULLRICH AUF DEN TISCH

*Ein Glas kaltes Wasser, etwas Zucker, Essig oder Zitronensaft und ein halber Teelöffel »Bullrich Salz«: Fertig ist die erfrischende Brauselimonade.*

### MAGENSALZE GIBT'S IN MENGEN – BULLRICH LÄSST SICH NICHT VERDRÄNGEN

*Schon früh hatte »Bullrich Salz« unliebsame Konkurrenz. Oftmals sogar dreiste Kopien, wie z.B. »Magensalz, bekannt als A. W. & C. W. Bullrichs Universal-Reinigungssalz«. Daher belohnte das Unternehmen alle Informationen über Hersteller oder Vertriebskanäle der Nachahmer.*

### NACH DEM ESSEN FETT UND SCHWER NIMMT MAN BULLRICH HINTERHER

*Leichtes und reduziertes Essen ist eine eher junge Art der Ernährung. Viele*

*Jahrzehnte lang wurde eher fett und reichlich gegessen – gegen die Auswirkungen gab und gibt es ja »Bullrich Salz«. Aber auch heute noch gibt es viele Lebensmittel mit versteckten Fettanteilen. Daher besitzt dieser Vers auch nach über 70 Jahren noch seine Gültigkeit.*

### NACH GUTEM WEIN UND FETTEN ESSEN DARF MAN BULLRICH NICHT VERGESSEN

*Dieser Vers aus den Dreißigern wird 1988 für die Berliner U-Bahn wieder zum Werbeleben erweckt und stößt auf große Resonanz. In vielen Zuschriften erinnern*

*sich die Berliner an ihre Jugend, in der sie diesen Spruch täglich lasen. Allerdings heißt er – den veränderten Genussvorstellungen angepasst – nun: »... nach trocknem Wein und gutem Essen!«*

### NACH SPICKAAL, LEBERWURST UND SCHMALZ VERLANGT DER KÖRPER BULLRICH SALZ

*»Spickaal«, geräucherter Aal, ist für den Berliner eine Delikatesse – nicht nur gastronomisch: Wenn jemand aufzählt, was er gerade Gutes gegessen hat und so*

*dem Zuhörer den Mund wässrig macht, lautet der trockene Kommentar des Berliners: »Nu sagen Se bloß noch Spickaal, dann hau ick Ihn' eene runta!«*

### OB ICH GELD HAB' ODER'N DALLES – BULLRICH GEHT MIR ÜBER ALLES

*Ebenfalls ein typisch Berliner Ausdruck: »Dalles« heißt »Geldmangel«. Auf hochdeutsch würde man also sagen: »Ob ich Geld hab' oder nicht ...«, aber das klingt ja nicht mal halb so schön ...*

### OB IM MAGEN, OB IM HALS – AUF ALLE FÄLLE BULLRICH SALZ

*Anwendungsgebiete für Bullrich-Salz sind der Magen und alles, was mit Übersäuerung zu tun hat – und das ist schon reichlich. Eine Wirkung gegen Halsschmerzen lässt sich medizinisch allerdings nicht belegen ...*

### SEITDEM DAS BULLRICH SALZ ENTDECKT, DARF JEDER ESSEN, WAS IHM SCHMECKT

*Dieser Spruch spricht wohl am besten für sich selbst. Probieren Sie es mal aus! Aber denken Sie daran: Nicht übertreiben!*

### SNUTEN UND POTEN EIN GENUSS, DOCH BULLRICH SALZ ALS MAGENSCHLUSS

*Noch ein typisches norddeutsches Gericht. »Schnauzen und Pfoten« vom Schwein werden in Salzlauge eingelegt. Das Pökelfleisch wird zwei bis drei Stunden gekocht, vom Knochen abgelöst und anschließend mit Sauerkraut erneut aufgekocht. In Gegenden zwischen Elbe und Weser wird mit diesem*

*Namen eine Variante des Steckrübeneintopfes bezeichnet, bei der Räucherspeck,*
*Kochwurst oder Rippchen durch »Snuten und Poten« ersetzt werden.*

*Die Abbildung zeigt den Hamburger Pferdebahn-Wagen 261, der eigentlich 1892 bei*
*der ÜSTRA in Hannover zum Einsatz gekommen war. Zur Feier des 60. Straßenbahnjubiläums*
*in Hamburg wurde der Wagen mit einer alten »Bullrich«-Werbung versehen.*

**SO NÖTIG WIE DIE BRAUT ZUR TRAUUNG, IST BULLRICH SALZ FÜR DIE VERDAUUNG**

*Der berühmteste und wegen eines angeblichen Vergleichs umstrittenste aller*
*Reime. Ihm ist das folgende Kapitel (»Der Vers mit der Braut«) gewidmet.*

### SO SPARSAM BULLRICH IM VERBRAUCH,
### SO SICHER IST DIE WIRKUNG AUCH

*Ein Teelöffel Pulver oder 2-3 Tabletten in einem halben Glas mit lauwarmem Wasser auflösen und trinken. Das reicht meistens. Trotzdem sollte die Dosierungsanweisung wie bei jedem anderen Heilmittel genau beachtet werden. Die bekannte Redensart »Viel hilft viel« gilt nämlich gerade bei Medikamenten nicht.*

### SODBRENNEN BLEIBT DIR UNBEKANNT, HAST DU BULLRICH SALZ ZUR HAND

*Traditionell angewendet gilt »Bullrich Salz« seit 1827 als mild wirkendes Arzneimittel bei Sodbrennen und säurebedingten Magenbeschwerden.*

### VON DEM GRUNDSATZ LASS' DICH LEITEN: BULLRICH SALZ ZU ALLEN ZEITEN

*Weihnachten ist die Zeit des vielen (und auch fetten) Essens, zu Silvester und Karneval wird gerne dem Alkohol zugesprochen. Aber auch im restlichen Jahr verrichtet »Bullrich Salz« gute Dienste am Magen.*

### WARTE NICHT, BIS DU ERGRIMMT BIST,
### NIMM BULLRICH SALZ, WENN DU VERSTIMMT BIST

*»Magengrimmen« – ein lautmalerisches Wort, das leider aus der Mode gekommen ist. »Ergrimmen« kann auch »erzürnen« oder »aufregen« heißen. Und über Magenprobleme könnte man sich wirklich aufregen, wenn es keine so einfache Abhilfe wie »Bullrich Salz« gäbe ...*

**WAS FÜR DEN ANWALT SIND DIE KLAGEN, IST BULLRICH SALZ FÜR DARM UND MAGEN**

*Und schon wieder ein Vergleich. Aber dieses Mal einer – fast – mit juristischen Folgen. Im November 1937 erhält die Firma A.W. & C.W. Bullrich ein Schreiben des Präsidenten des Werberates der deutschen Wirtschaft: »Vom Leiter der Justizpressestelle Berlin erhalte ich eine gegen den von Ihnen verwendeten Werbevers: ›Was für den Anwalt fette Klagen, ist Bullrich Salz für Darm und Magen‹ gerichtete Beschwerde. In diesem Schreiben kommt zum Ausdruck, dass die Vorstellung, die sich mit dem Begriff ›Rechtswahrer‹ verbindet bzw. verbinden soll, in Widerspruch steht zu der in dem beanstandeten Werbetext untergeschobenen Haltung des Anwaltsberufes. Dieser Auffassung pflichte ich bei. Ich ersuche daher, den genannten Werbevers in Ihrer zukünftigen Werbung nicht mehr zu verwenden.« Hier hat der Beschwerdeführer, vermutlich ein Anwalt, offensichtlich seinen Broterwerb mit der Nahrungsaufnahme durchmischt und zwei Sprüche durcheinander gebracht, denn »fett« ist in der Werbung ausschließlich das Essen, dessen Auswirkungen »Bullrich Salz« im wahrsten Sinne des Wortes »zu Leibe rückt«. In der Replik an den Präsidenten des Werberates macht das Unternehmen deutlich, dass im Vorfeld befragte Juristen sich in keiner Weise abfällig über den Vers »Was für den Anwalt sind die Klagen …« geäußert hätten und führt aus: »Es kann sich daher nur um einige wenige überempfindliche Herren handeln, die an dem von uns benutzten Vers Anstoß nehmen. Die Humorlosigkeit einiger weniger Personen kann doch wirklich keinen Grund für die Ablehnung einer sonst anerkannten, einwandfreien Reklame bil-*

den.« Nach diesem Schreiben war die Beschwerde vom Tisch. Es gilt halt immer noch der alte Rechtsgrundatz: »In dubio pro reo!«

### WAS GOETHE FÜR DIE WELTANSCHAUUNG, IST BULLRICH SALZ FÜR DIE VERDAUUNG

»Goethe war gut ...« sang einst Rudi Carrell. Aber die Bullrich-Werbeverse sind auch nicht ohne. Welche Blüten eine Variation dieses Spruches getrieben hat, ist im Kapitel »... ist Buchholz für die Weltanschauung« (S. 127) nachzulesen.

### WENN WÜTEND SICH DEIN MAGEN KRÜMMT, NIMM BULLRICH SALZ, ES HILFT BESTIMMT

Bei diesem Vers sieht man das Unwohlsein plastisch vor Augen. So bildhaft wird nur selten die Hilfeleistung eines Arzneimittels beschrieben.

### WER BULLRICH SALZ ERST EINMAL KENNT, SICH NIE IM LEBEN DAVON TRENNT

Gute Erfahrungen beeinflussen das Kauf- und Verwendungsverhalten. Das gilt natürlich auch für »Bullrich Salz«, wie Dankschreiben der Verbraucher (siehe Kapitel »Werte Firma!«, S. 171) zeigen. Auch heute noch berichten Verbraucher über ihre jahrelange Verbundenheit zur Marke.

### WER KLUG IST UND WER WEISE, KAUFT BULLRICH EIN ZUR REISE

Mit ungewohnten Gerichten in fremden Ländern kann der Magen schon mal überlastet werden. Da empfiehlt es sich auf jeden Fall, die Reiseapotheke mit etwas »Bullrich Salz« aufzustocken.

**WER WERT AUF GUTES ESSEN LEGT, BULLRICH SALZ STETS BEI SICH TRÄGT**

*Die Bullrich Salz-Tablettenpackungen enthielten kleine Röhrchen (zunächst aus Glas, im 2. Weltkrieg aus Pappe, danach aus Aluminium und heute aus Kunststoff), mit denen man die Tabletten leicht und einfach mitnehmen kann. So wird Bullrich Salz zur mobilen Magenhilfe.*

Und zum Schluss ein Vers, der inhaltsfreier nicht sein könnte, dabei aber so schön klingt, als entstammte er einem Operetten-Libretto:

**WISST IHR, WARUM DAS HERZ MIR LACHT?**
**WEIL BULLRICH SALZ MICH GLÜCKLICH MACHT**

**Nach 13 Jahren Magenleiden völlig gesund**

Mein in französischer Gefangenschaft geholtes schmerzhaftes Magenleiden konnte ich trotz Einnehmen vieler Medikamente nicht loswerden. Durch Zufall lernte ich die wohltuende Wirkung von Bullrich-Salz kennen, und heute bin ich völlig gesund.

Peter Baindl,
Böbingen b. Augsburg.

**Nach dem Essen - nicht vergessen**

**Bullrich-Salz**

100 grm. 25 Pfg
Tabletten 20 Pfg

# Der Vers mit der Braut

FÄLLT IN EINER größeren Runde das Stichwort »Bullrich Salz«, so ist oft wenigstens eine Person darunter, die von den Bullrich-Versen gehört hat oder vielleicht sogar einen zum Besten geben kann. Meistens wird es derjenige Reim sein, den – leicht abgewandelt – auch Loriot zitierte, als er anlässlich der nachträglichen Feierlichkeiten zu seinem 80. Geburtstag im November 2003 vom damaligen Berliner Regierenden Bürgermeister Klaus Wowereit um einen Denkanstoß zur deutschen Hauptstadt gebeten wurde: »*Lösungen für öffentliche Probleme findet man an den Wänden in der U-Bahn. Ein Beispiel: ›So wichtig wie die Braut zur Trauung, ist Bullrich-Salz für die Verdauung.‹*«

Dieser Vers ist der bekannteste und berühmteste, aber sicherlich auch der umstrittenste von allen Bullrich-Reimen, die jemals Verwendung fanden. Der eine findet ihn lustig, der andere hält ihn für unschicklich. Und es gibt Frauen, die sich von dem ihrer Meinung nach respektlos scheinenden Vergleich sogar herabgesetzt oder entwürdigt fühlen. Tatsächlich ist eine Desavouierung niemals die Absicht des Unternehmens gewesen. Die zwanziger und frühen dreißiger Jahre des vergangenen Jahrhunderts sind geprägt von Reimen in allen Stilrichtungen. In bester Tradition des Dadaismus, der die absolute Sinnfreiheit zum Konzept erhebt, und des Surrealismus, der mit phantasievollen Verfremdungen und Verschiebungen operiert, entstehen Reime und Tagesschlager, aus denen das Humorverständnis der damaligen Zeit geradezu herauspurzelt. *»Laß' mich dein Badewasser schlürfen«*[33], *»Ich reiß' mir eine Wimper aus«*[34] oder *»Mein Papagei frißt keine harten Eier«* und *»Solang' nicht die Hose am Kronleuchter hängt«*[35] sowie *»Ich laß' mir meinen Körper schwarz bepinseln«*[36] oder auch *»Der Onkel Bumba aus Kalumba«*[37] sind nur einige Beispiele erfolgreicher Schlager, die hunderttausendfach nachgesungen oder als Gassenhauer gepfiffen werden. Nach einem Sinn fragt niemand, nur witzig und neckisch soll es sein. Vor allem aber merkfähig.

Auf Merkfähigkeit legt auch die Reklame Wert. Je einprägsamer der Vers, umso größer der Erfolg. Manches Mal ist der Reim eben wichtiger als die absolute Korrektheit des zu vermittelnden Inhaltes: »Bullrich Salz« kann mangels Enzymen die Verdauung gar nicht aktiv beeinflussen, sondern dient zur Neutralisation überschüssiger Magensäure und gleicht auf diese Weise den Säure/Basen-Haushalt des Körpers aus. Diese kleine inhaltliche Unkorrektheit tut aber der Verbreitung des Spruches keinen Abbruch.

[33] *»Laß mich dein Badewasser schlürfen«: Deutsche Version des 1920 veröffentlichen Hits »Whispering« der Komponisten Richard Coburn, Vincent Rose sowie John & Malvin Schonberger, die das Vokalensemble »VielHarmoniker« 1979 erstmals mit einem Text aufnahm.*

[34] *»Ich reiß' mir eine Wimper aus und stech' dich damit tot. Dann nehm' ich meinen Lippenstift und mal' dich damit rot. Und wenn du dann noch böse bist, dann weiß ich einen Rat: Ich bestelle mir ein Spiegelei und bespritz' dich mit Spinat.« (Musik: Fred Raymond, Text: Charles Amber)*

[35] *»Mein Papagei frißt keine harten Eier« und »Solang' nicht die Hose am Kronleuchter hängt« (beide 1928 von Walter Kollo und Hermann Frey)*

[36] *»Ich laß' mir meinen Körper schwarz bepinseln« (1930, Friedrich Hollaender und Robert Liebmann)*

[37] *»Der Onkel Bumba aus Kalumba« (1932, Hermann Hupfeld, Fritz Rotter und A. Robinson)*

Wie unterschiedlich Menschen auf diesen Vers reagieren können, zeigen einige erhaltene Briefe an den Hersteller. So liest man in einer Zuschrift vom 19. April 1934: »*Sehr geehrte Herren! Es dürfte Sie vielleicht interessieren zu erfahren, dass ich mir kürzlich erlaubt habe für Ihren Artikel ›Bullrich Salz‹ eine Lanze zu schlagen und auf einer Hochzeitsfeier im Schöneberger Ratsweinkeller am Ende d. Tafel als Dr. Bullrich erschien, was viel Heiterkeit erregte.*«

Der Absender hatte dem Oberkellner aufgetragen, den Besuch eines »*Dr. Bullrich*« anzukündigen, ausstaffiert mit »*Frack, Zylinder, Handschuhen, einem langem Knebelbart sowie ulkiger Nase und Brille*«. Er gab dem Brautpaar die »*Knüttelverse des Hr. Dr. Bullrich*« mit auf den Weg:

> »*Ich bin der Doctor-Bullrich, wie Ihr seht an meinem Bauch*
> *Und ist dies nicht nur leerer Schall und Rauch!*
> *Denn – ‚So nötig wie die Braut gehört zur Trauung –*
> *So Bullrich-Salz für die Verdauung‘ –*
> *Hier stehts geschrieben, – liebes Oehe-Paar*
> *Drum beachte es auch immerdar!*

> *Und damit Euch gut bekommt – das schöne Hochzeits-Essen*
> *Hab ich ‘ne Dosis Bullrich-Salz heut nicht vergessen.*
> *Nun seid gegrüsst Ihr Gäst im weiten Rund*
> *Und steckt Euch alle schnell solch Pilleken hier in d. Mund.*

*Drob freuet sich der Dr. Bullrich sehr*
*Da er verkaufen wird dies Labsal immer mehr und mehr!*
*Jetzt aber muss ich sagen schnell ‚Auf – Wiedersehen'*
*Denn ‚Bullrichen' muss mal ein Ende weiter gehen!*
*– Mahlzeit!  –«*

Auch wenn es im Versmaß holpert und rumpelt – man merkt dem Verfasser an, dass er von den Reklameversen sehr angetan ist, wie er in seinem Anschreiben auch ausführt: »*Wir hatten uns in Freundeskreisen schon oft über Ihre diesbezügl. netten Sprüche in der U.-Bahn gefreut u. halte eine derartige Reklame für sehr zugkräftig!*«

Eine gänzlich andere Meinung hingegen hat jener Berliner, der Anfang des Jahres 1937 eine Begebenheit während einer weihnachtlichen Fahrt mit der U-Bahn wiedergibt, in der neben anderen auch der Reklamevers von der Braut zu lesen ist: »*An einem der Feiertage fuhr ich hinaus nach Neu-Westend. Auf der Bank – gegenüber Ihrer Reklameverse – sassen zwei Damen, ein Herr, daneben stand ein zweiter Herr. Man war sehr lustig und aufgeräumt und fing an, Ihre Reklameverse zu verlesen. Der erste fand schmunzelnden Beifall, der zweite wurde schon lauter vorgelesen, erweckte Heiterkeit, aber der dritte – der Vergleich Trauung und Verdauung – wurde nicht zu Ende gelesen – Gott sei Dank – und erweckte weder schmunzelnden Beifall noch Heiterkeit, sondern lediglich stumme Ablehnung; es brauchte eine ganze Weile, bis die peinliche Verlegenheit wieder*

*der vorherigen fröhlich-ungezwungenen Stimmung Platz machte.*« Dem Brief-schreiber ist nach eigener Aussage schleierhaft, wie man *Verdauung* auf *Trau-ung* reimen könne und versteht den Vergleich als Beweis. Es ist schleierhaft, woher diese Auffassung rührt; schließlich wird nur die Bedeutung einer Frau für die Trauung hervorgehoben ... denn ohne Frau ging es damals (und noch viele weitere Jahre) einfach nicht.

Der Gipfel des Missverständnisses ist jedoch erreicht, als einige der bewähr-ten Verse in den achtziger Jahren in der Berliner U-Bahn fröhliche Urständ feiern sollen. Die *Alternative Liste für Demokratie und Umweltschutz*[38] schreckt sogar vor strafrechtsbewehrter Sachbeschädigung nicht zurück. Am 30. Mai 1989 schreibt eine Beauftragte des Frauenbereichs an den Hersteller: »... *als Anlage erhalten Sie einige Exemplare Ihrer Werbung, die von U-Bahn-Waggon-fenstern entfernt wurden. Wie dem Frauen-Bereich der Alternativen Liste mit-geteilt wurde, wird diese Aktion konstant betrieben, weil der Spruch ›So nötig wie die Braut zur Trauung ist Bullrich Salz für die Verdauung‹ zweideutig die Ananlogie* [sic!] *transportiert, daß Frauen (als Braut) für die Verdauung (von Männern) benutzt werden sollten.*«

Sowohl die Begründung für wie auch die Rechtfertigung der Sachbeschä-digung klingen auch heute noch ebenso abenteuerlich wie unverständlich:

---

[38] *Die »Alternative Liste für Demokratie und Umweltschutz« wurde 1978 in West-Berlin gegründet, verstand sich ab 1980 als Berliner Landesverband der »Grünen« und bildete von 1989 bis 1990 ge-meinsam mit der SPD unter dem Regierenden Bürgermeister Walter Momper den Berliner Senat.*

*»Wie Sie sicherlich aus der Werbung wissen, wird mit verborgenen Analogien versucht, Unbewußtes zu motivieren. In diesem Falle ließe sich unterstellen, daß hier doppeltes Unbewußtsein transportiert wird. Eben so, wie im Zuge der Kolonialisierung Nachwehen kulturell transportiert wurden, z.B. das Verspeisen von ›Mohrenköpfen‹, wird auch in dieser Werbung, sprachlich verdeckt, die Diskriminierung von Frauen weitertransportiert. Der einzige Gradmesser für die Entdeckung solcher gesellschaft [sic!] unbewußt gemachten und gehaltenen Diskriminierungen sind die durch Wut und Agression [sic!] an den Objekten verursachten Handlungen – in diesem Fall die stete Vernichtung dieser Werbung. Immerhin ist sozialwissenschaftlich nachgewiesen, dass Wut eine Kategorie des Urteils bedeutet, mithilfe dessen der Sexismus auch im sprachlichen Bereich erst aufgedeckt wird. Der AL Frauenbereich setzt sich dafür ein, solche Entdeckungen öffentlich zu machen, und für deren Aufhebung zu sorgen.«*

Hier erübrigt sich jeglicher Kommentar. Aber man darf schon dankbar sein, dass die Nachfolgeorganisation der *Alternativen Liste*, die Partei *Bündnis '90/Die Grünen*, die Rechtschreibung besser beherrscht, verständlicher formuliert und in der beschriebenen Form strafrechtlich nicht mehr in Erscheinung tritt. Aber eines steht fest: Im Jahr 1954 hatte das Golgowski-Quartett mit dem Karnevalsschlager *»Am dreißigsten Mai ist der Weltuntergang«* einen Nr. 1-Hit ... und wer hätte damals geahnt, wie ernst dieser Titel zu nehmen ist. Das Schreiben der *Alternativen Liste* datiert nämlich von eben diesem Tage.

Die Partei hat sich übrigens viel Zeit gelassen mit ihrer Entrüstung. Die beanstandete U-Bahn-Werbung startete im Januar 1988 – und bereits ein Jahr, bevor das zitierte Pamphlet verfasst wurde, hatte sich schon eine andere Berlinerin beschwert. Ihr Schreiben datiert vom 13. Mai 1988:

»*Sehr geehrte Damen und Herren, wahrscheinlich aber eher Herren! Da ich seit einigen Monaten immer wieder den Werbesprüchen in den Berliner U-Bahnwagen ausgesetzt war und mich als Frau durch ihre werbenden Zweizeiler ständig belästigt fühlte, möchte ich Sie darauf aufmerksam machen, dass besonders jener Werbespruch, in dem Sie den Wert einer Frau mit der abführenden Wirkung des Bullrich-Salzes vergleichen, hochgradig frauenfeindlich ist und jeder Frau ihre Würde nimmt. Es ist unglaublich, in welchem Maße Werbetexter ihr Frauenbild offen legen können, – noch unglaublicher, welches Frauenbild sie verinnerlicht haben! Ich bitte Sie daher eindringlich, die besagten Aufkleber in den U-Bahnen zu entfernen und vor allen Dingen Ihr Bild von Frauen neu und kritisch zu überdenken!*«

Man hätte den Verfasserinnen dieser Schreiben die Kenntnis eines Interviews mit Henri Nannen[39] gewünscht, das am 29. Oktober 1984 im Branchendienst *A+I* veröffentlicht wurde. Auf die Frage »*Was hält Henri Nannen von Werbung?*« antwortet dieser: »*Werbung finde ich faszinierend. Die Frau unse-*

---

[39] *Henri Nannen (1913-1996) rief 1948 die Illustrierte »Stern« ins Leben, deren Chefredakteur er von 1949 bis 1980 war. Der engagierte Journalist stiftete den Egon-Erwin-Kisch-Preis für herausragende Leistungen im Zeitungs- und Zeitschriftenjournalismus, der 2005 in Henri-Nannen-Preis umbenannt wurde.*

*res ersten Bundespräsidenten, Elly Heuss-Knapp[40], hat doch ihr Leben und das Leben von Theodor Heuss damit gefristet, dass sie Verse für Bullrichsalz gemacht hat: ›So nötig wie die Braut zur Trauung, ist Bullrichsalz für die Verdauung.‹«*

Ob Elly Heuss-Knapp auf die Bitte aus dem Mai 1988 hin nachträglich ihr Bild von Frauen neu und kritisch überdacht hätte?

[40]  *Elisabeth Eleonora Anna Justine »Elly« Heuss-Knapp (1881-1952), die Gattin des ersten deutschen Bundespräsidenten, war Politikerin, Sozialreformerin und Gründerin des Deutschen Müttergenesungswerks. Zwischen 1933 und 1945 waren ihr, wie auch Theodor Heuss, politische Aktivitäten und Auftritte verboten. Sie bestritt in dieser Zeit fast alleine den Lebensunterhalt der Familie dadurch, dass sie Werbetexte verfasste, Werbefilme herstellte und Werbe-Schallplatten aufnehmen ließ. Elly Heuss-Knapp gilt auch als Miterfinderin der Rundfunkwerbung.*

# Schwieriger Neuanfang

FÜR *A. W. & C. W. BULLRICH* ist die weitgehende Zerstörung der Fabrik in der Kurfürstenstraße 19 nicht das einzige Problem, vor dem das Unternehmen im Jahre 1945 steht. Berlin ist in vier Sektoren aufgeteilt, und der Umgang der Alliierten mit »ihren« jeweiligen Sektoren könnte unterschiedlicher nicht sein. Der Firmensitz liegt zwar im britischen Sektor; die Rohstoff- und sonstigen Materialquellen allerdings liegen wesentlich weiter ostwärts im Schlesischen, jetzt Polen, und stehen damit unter sowjetischer Kontrolle. Paul Wever führt weiterhin als Prokurist die Geschäfte für die Inhaberin Clara Spielhagen.

»Organisieren« heißt das Zauberwort – aber selbst mit den besten Beziehungen sind die russisch besetzten Fabriken tabu. Nur einmal gelingt es Wever, eine nennenswerte Materialmenge aufzutreiben; um sicherzustellen, dass die zugesagte Übergabe auch wirklich stattfindet, holt er den Rohstoff selbst ab. Auf dunklen Wegen ist es ihm auch gelungen, die nach Bernstadt/Schlesien ausgelagerte Tabletten-Maschine wieder nach Berlin zu bringen; allerdings ist an eine Produktion der Tabletten vorerst nicht zu denken. Die Herstellung beschränkt sich auf »Bullrich Salz« in Pulverform. Abgefüllt wird weiterhin in die seit den letzten Kriegsjahren verwendeten Flachbeutel, die streng rationiert an die Kunden abgegeben werden – nach einem Schlüssel, der sich aus den früheren Bezügen errechnet. Mit »Bullrich Salz« alleine jedoch ist der

Betrieb nicht aufrecht zu erhalten; da die Maschinen noch oder wieder funktionieren, können zusätzliche Lohn-Abfüllaufträge, unter anderem für Pudding- und Backpulver angenommen werden. Mit den ersten kleinen Gewinnen wird das Gebäude wieder instandgesetzt.

Paul Spielhagen, Neffe der Inhaberin Clara Spielhagen und seit 1942 Mitgesellschafter, wird 1945 aus britischer Kriegsgefangenschaft in Schleswig-Holstein entlassen und begibt sich zunächst ins niedersächsische Holzminden, wo er bereits während seines Studiums vor dem Krieg gearbeitet hatte. Der Kontakt nach Berlin ist erschwert; die Verbindungen werden erst langsam wieder aufgebaut. Spielhagen lotet in der britischen Zone die Möglichkeiten einer Neuansiedlung oder zumindest eines Filialbetriebes aus. Die Aktivitäten bleiben Paul Wever nicht verborgen. Seit 1940 hatte er das Unternehmen so gut wie alleine geleitet; nun will er sich nicht die Butter vom Brot nehmen lassen. Nach wie vor ist das Verhältnis zwischen Wever und Spielhagen von tiefem Misstrauen und persönlichen Ressentiments geprägt. Wever nutzt auch weiterhin jede Gelegenheit, den Neffen gegen seine Tante auszuspielen und ihn in ein schlechtes Licht zu rücken. Als Paul Spielhagen das für die Kurfürstenstraße zuständige Berliner Postamt anweist, sämtliche Geschäftspost an seine Holzmindener Adresse weiterzuleiten, macht Wever seinen Einfluss bei »*Tante Clärchen*« geltend, um eine einstweilige Verfügung gegen den Neffen zu erwirken. Am 19. November 1945 erhält Paul Spielhagen in Holzminden ein anwaltliches Einschreiben: »*Hiermit kündige ich Ihnen ausdrücklich das*

*Gesellschaftsverhältnis mit sofortiger Wirkung. Sie sind als Pg (Parteigenosse) und Mitglied der SA als Gesellschafter für meine Auftraggeberin nicht mehr tragbar.«*

Wenige Jahre zuvor klang das noch ganz anders – da hatten sich Clara Spielhagen und Paul Wever von der Parteimitgliedschaft Vorteile erhofft. Weiter führt der Anwalt, zwar im Namen und Auftrag von Clara Spielhagen, aber erkennbar auf Drängen Paul Wevers, aus: *»Ich bitte Sie ferner, von jeder weiteren Tätigkeit namens der Firma A.W. & C.W. Bullrich abzusehen, insbesondere von der Bildung eines Filialbetriebes.«* Spielhagen beugt sich seinem Widersacher, erklärt im Januar 1946 seinen Rückzug aus dem Unternehmen und widmet sich fortan seinen juristischen und betriebswirtschaftlichen Studien. Etliche Familienmitglieder, darunter auch Bankrat Richard Spielhagen, sein Vater, versuchen zu vermitteln – aber vergeblich.

Der Einfluss des Prokuristen auf die Besitzerin wächst weiter; als Wever 1946 Alleinprokura erhält, kann er selbstständig und ohne Rücksprache mit der Inhaberin das Unternehmen leiten, denn diese lebt nach wie vor auf ihrem Gut *»Hohe Bude«* in Teupitz. Dort ihren Lebensabend zu verbringen, ist ihr allerdings nicht vergönnt; getreu der sozialistischen Losung *»Junkerland in Bauernhand«* wird sie enteignet und ihr Besitz verstaatlicht. Als Ersatz wird der *»Bäuerin Spielhagen«* eine landwirtschaftliche Hofstelle zugewiesen. Sie verzichtet und kehrt noch vor Gründung der DDR nach West-Berlin zurück. Im Berliner Stammhaus kommt man nicht umhin, selbst über einen Filialbetrieb nachzudenken; die Verbindung mit den Westzonen ist nicht durchgängig gesichert. Allerdings verfügt das Unternehmen weder über Kapital noch dort liegenden Immobilien; dazu soll der Berliner Betrieb natürlich aufrechterhalten werden. So bleibt nur, einen geeigneten Partner zu finden. Die Wahl fällt auf Frédéric Monnier, der seit 1930 Pharmakaufmann bei der Berliner *Fides Biochemische Präparate*, ab 1944 deren Betriebsleiter, und während des Krieges Untermieter in der Kurfürstenstraße war. Monnier unterhält Kontakte nach Bevensen in der Lüneburger Heide, wo ihm der Geschäftsmann Paul Reimer Produktions- und Wohnräume zur Verfügung stellen kann. Der Besitzer einiger landwirtschaftlicher Unternehmen (Landhandel, Kraftfutter und eine Schälmühle) besteht im Gegenzug darauf, an der neuen Firma beteiligt zu werden. Monnier zögert, denn die wirtschaftlichen Verhältnisse der ersten Nachkriegsjahre lassen gesicherte Voraussagen über die zukünftige Entwicklung nicht zu.

Die Beantragung der Betriebsgenehmigung wird durch den Nachweis von Produktions- und Wohnräumen erheblich vereinfacht, so dass der Stadtdirektor von Bevensen am 17. Mai 1947 in einer Dringlichkeitsbescheinigung die Einrichtung von *A.W. & C.W. Bullrich, Nordwestdeutsches Zweigwerk, Inhaber F. Monnier* befürwortet. In der Begründung heißt es unter anderem: *»Der Antragsteller gilt in persönlicher Hinsicht als zuverlässig und war nach eigener Angabe kein Mitglied der ehemaligen NSDAP oder einer ihrer Gliederungen.«* Monnier war nicht einmal Soldat; nach eigenen Angaben hatte man

*Bad Bevensen: Unten links (x) wurde von 1947 bis 1955 Bullrich-Salz produziert.*

schlicht vergessen, ihn einzuberufen. »*Seine fachliche Eignung ergibt sich aus seinem Werdegang als langjähriger Betriebsleiter bezw. alleiniger Geschäftsführer einer grossen Berliner pharmazeutischen Fabrik mit 17-jähriger Erfahrung in der Arzneimittelbranche.*« Da Monnier darüber hinaus die Lieferzusage der erforderlichen Rohstoffe aus der britischen Zone vorweisen kann, es sich bei dem beantragten Unternehmen um einen »*Industriezweig nicht schmutzender und nicht störender Art handelt, der dank seiner Eigenart gut nach Bevensen als*

*Luftkurort passt«* und der Betrieb zur *»Gesundung der Gemeindefinanzen* [...]
*und* [...] *zur Schaffung von Arbeitsmöglichkeiten für die hiesigen weibl. Kriegs-*
*vertriebenen«* beiträgt, erteilt das Landratsamt des Kreises Uelzen am 6. November 1947 die Genehmigung. Die *»Anzeige über die Anmeldung eines ste-*
*henden Gewerbebetriebes«* vom 4. Dezember 1947 belegt, dass sich Paul
Reimer mit seiner Bedingung, Mitgesellschafter zu werden, durchgesetzt hat.

Das Unternehmen beginnt zwar ohne Maschinen, dafür aber mit genügend
Arbeitskräften. So schwierig die Startphase der Produktion ist, so problemlos

gestaltet sich die Verteilung der Produkte. Eine Versandabteilung ist zunächst nicht notwendig, denn die meisten Pharmagroßhändler holen die Ware mit eigenen Lastwagen ab.

Frédéric Monnier hatte mit dem Stammhaus einen Vertrag zur Lizenzproduktion geschlossen; anfänglich stellt die Berliner Firma noch die bereits im Krieg verwendeten Flachbeutel zur Verfügung, doch Monnier lässt bald auch die Verpackungskomponenten in Eigenregie – natürlich nach Vorgabe – produzieren. Mit der Währungsreform 1948 verbessern sich auch die technischen Verhältnisse. Monnier beschafft eine Tablettenpresse, eine Tabletten-Zählmaschine sowie Misch- und Abfüllmaschinen, die zu den modernsten und leistungsfähigsten ihrer Art gehören. In Bevensen freut man sich über die Ansiedlung der berühmten Firma; »Bullrich Salz« hat nach wie vor große Verkehrsgeltung. Die in Uelzen erscheinende *Allgemeine Zeitung der Lüneburger Heide* widmet dem Unternehmen am 22. Oktober 1949 unter dem Titel »*42.000 Tabletten rollen jede Stunde – Weltmarkenartikel jetzt in der Heide hergestellt – Ein Betrieb mit Tradition*« einen umfangreichen Bericht: »*Die Zahl der Magensünder ist wieder größer geworden. Zwar ist das Geld noch zu knapp, als daß man allzu üppig leben würde, aber der Magen ist auch nicht mehr so widerstandsfähig. Kurzum, eine Tablette Bullrichsalz als gelegentliche Hilfe wirkt sich günstig aus. Das Präparat wird, wie so manches andere, jetzt auch in der Heide hergestellt.*« Einer Abhandlung über die Geschichte der Marke folgt der wichtige Hinweis: »*Da es sich um ein pharmazeutisches Präparat handelt, fin-*

*den nur Rohstoffe Verwendung, die den Vorschriften des Deutschen Arzneibuches VI entsprechen. Ferner ist Voraussetzung, dass die Fabrikation in hygienisch einwandfreier Weise erfolgt.«*

Eine Beschreibung der Tablettenproduktion und die Leistungsfähigkeit der Pulverabfüllmaschine (*»3.000 Pakete in der Stunde«*) interessieren den Leser genauso wie technische Details: Tabletten werden mit 13 Tonnen Druck gepresst und wiegen pro Stück doch nur ein Gramm; der monatliche Rohstoffbedarf zur Produktion von Pulver und Tabletten beträgt zwischen zehn und zwölf Tonnen. Abschließend vermeldet der Bericht, *»daß sich die Firma A.W. & C.W. Bullrich Nordwestdeutsches Werk Monnier & Reimer o.H.G. in Bevensen recht wohl fühlt und die Betriebseröffnung hier nicht bedauert. [...] Bevensen aber ist stolz darauf, daß mit dem bekannten Mittel auch sein Name weithin hinausgetragen wird.«*

Mit steigenden Umsätzen wird auch wieder in die Werbung investiert. Monnier knüpft an die Werbeformen der Vorkriegszeit an: Anzeigen und Straßenbahnreklame, in Hamburg auch Werbung in der U- und S-Bahn. Die Geschäfte laufen gut, bis Paul Reimer 1955 mit seinen eigenen Betrieben Konkurs anmelden muss und aus der Gesellschaft ausscheidet. In die Konkurs-

masse fallen natürlich auch die Produktions-
und Wohnräume, die Reimer zur Verfügung
gestellt hatte. Monnier wartet das Resultat der
anstehenden Versteigerung nicht ab, sondern
macht sich auf die Suche nach einem neuen
Domizil. Da ein Großteil der Rohstoffe aus dem
Rheinland stammt, ist er nicht mehr notwendigerweise an Bevensen gebunden. Die Liefer-
wege geben den Ausschlag. Monnier verlegt den
Firmensitz ins rheinische Lechenich (heute ein
Teil von Erftstadt), in die Räume des alten
Schlosses. Die Anschrift klingt fürstlicher als sie
ist; die ehemalige Landesburg der Kölner Erz-
bischöfe und Kurfürsten stammt aus dem 14.
Jahrhundert und war bereits am 20. Juli 1689

von französischen Truppen zerstört worden. Die Firma *A. W. & C. W. Bullrich
Westdeutsches Werk Frédéric Monnier* residiert in der Vorburg, in der früher
die Verwaltungs- und Wirtschaftsräume untergebracht waren. Diese hat zwar
den Krieg unbeschadet überstanden, doch 1947 brennt das Gebäude bis auf
die Außenmauern ab. Besitzer ist die Familie von Schmidt-Elmendorff, mit
der Monnier den Wiederaufbau der Räume einschließlich einer Privatwoh-
nung vereinbart. Die Bullrich-Produktion in Lechenich beginnt im Mai 1956.

*Lechenich: Links oben ist das Schloss zu erkennen; in der Vorburg siedelte sich die Bullrich-Fabrik an.*

Während das Team um Paul Wever den West-Berliner Markt bedient, beliefert Monnier erst von Bevensen, später von Lechenich aus das gesamte Gebiet der 1949 gegründeten Bundesrepublik. Gemessen an den Vorkriegsumsätzen und verglichen mit den Berliner Zahlen kann Paul Wever mit dem Erfolg des Lizenznehmers nicht zufrieden sein. Er kreidet Monnier an, dass dieser zu wenig in die Werbung investiere. Und in der Tat: Anzeigen oder Verkehrsmittel mit Werbung für »Bullrich Salz« finden sich spätestens seit Mitte der sechziger Jahre nur noch schwerlich, obwohl im

*125 Jahre »Bullrich Salz«: 1952 feiern in Berlin Clara Spielhagen (3. v. l.) und Prokurist Paul Wever (8. v. l.) mit der Belegschaft.*

Lizenzvertrag Werbeverpflichtungen als wesentlicher Teil der langfristigen Bindung festgeschrieben sind. Trotzdem bilden die Lizenzgebühren, die Monnier aus Lechenich entrichtet, den weitaus größten Teil des Unternehmensgewinns, denn mit nur einer halben Stadt als Vertriebsgebiet kann das Stammhaus in der Kurfürstenstraße keinen großen Beitrag leisten. Daher ist auch

↑ *Hannover (1947)*    ↓ *Bonn (1953)*     ↓ *Darmstadt (1953)*    ↑ *Düsseldorf (1952)*

↓ *München (1953)*     ↓ *Berlin (1959)*

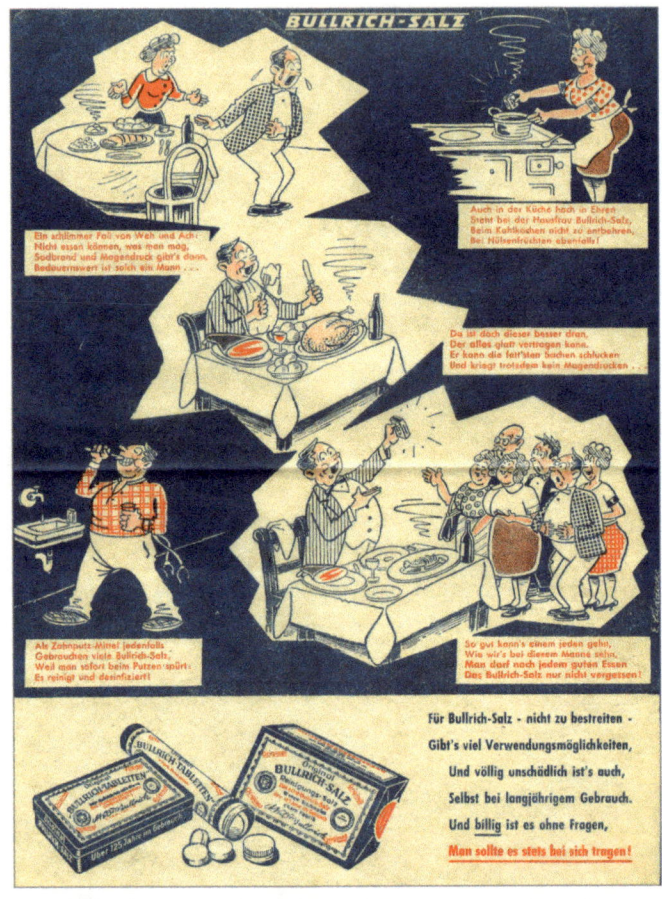

*Ab 1952 wurde auch Einwickelpapier für Apotheken als Werbeträger
eingesetzt. Humorvolle Cartoons in der Tradition der Reklameverse
machen Lust auf die vielfältigen Verwendungsmöglichkeiten.*

der Berliner Werbeetat sehr gering. Gelegentliche Anzeigen und U-Bahn-Werbung; mehr Geld steht nicht zur Verfügung.

Paul Wever, seit 1922 im Unternehmen, denkt trotz seines Alters von nunmehr 75 Jahren noch lange nicht an den Ruhestand. Er nutzt seine unangefochtene Position gegenüber der Inhaberin und krönt sein Lebenswerk mit einem neuen, lebenslangen Arbeitsvertrag, den er am 14. Februar 1961 unterschreibt. Was Kontinuität gewährleisten soll, erweist sich durch veränderte wirtschaftliche Gegebenheiten tatsächlich als Stillstand. Die Nachkriegsblüte des »Bullrich Salz'« verfliegt zusehends; der Preiskampf hat begonnen. Neue Magenmittel drängen auf den Markt, und der Verbraucher honoriert eher moderne und frische Konzepte als den altehrwürdigen und etwas angestaubten Auftritt einer mittlerweile 140 Jahre alten Idee. Für die Wertschätzung von Tradition scheint in diesen Jahren des gesellschaftlichen Umbruchs kein Platz mehr zu sein. Außerdem fehlen dem Unternehmen die neuen Ansätze; zu sehr hat man sich in der einstmals erfolgreichen Konzeption eingenistet. Für eine umfassende moderne Marketing- und Werbestrategie mangelt es sowohl an kreativen Ideen als auch an Kapital. Die laufenden Kosten, vor allem für Löhne und Gehälter, sind in Relation zum Ertrag viel zu hoch. Um das vergleichsweise kleine Absatzgebiet West-Berlin mit »Bullrich Salz« zu versorgen, werden keine sieben Mitarbeiter benötigt.

Zum Vergleich: Das Werk in Lechenich bedient mit ebenfalls sieben Angestellten die gesamte Bundesrepublik. Trotzdem will sich Wever, der noch der

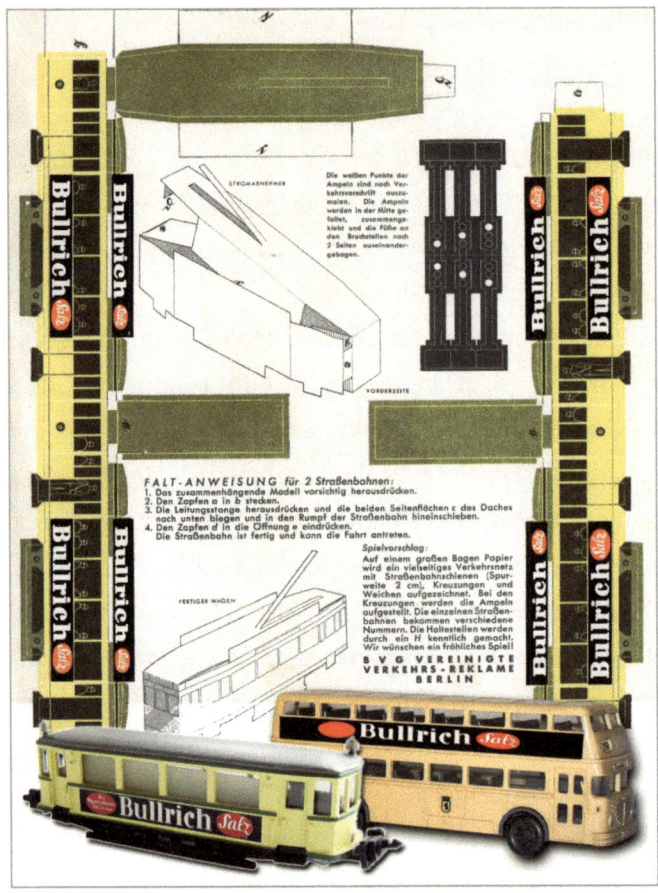

*Verkehrsmittelwerbung gab es nicht nur in groß: Bastelbogen
der Berliner Verkehrsbetriebe (BVG) für eine Straßenbahn
und das Wiking-Modell eines Doppeldeckers (Maßstab 1:87)*

alten – im besten Sinne – patriarchalischen Unternehmensführung anhängt, von keinem seiner Mitarbeiter trennen, auch wenn er 85% des Umsatzes für Lohnzahlungen ausgeben muss. Um Kosten zu sparen, kürzt der Prokurist die ohnehin sinkenden Aufwendungen für Werbung. Diese Maßnahme erweist sich als kontraproduktiv, wie schon Henry Ford sen. wusste: »*Wer aufhört zu werben, um Geld zu sparen, kann auch seine Uhr anhalten, um Zeit zu sparen.*« Zunächst unmerklich, aber unaufhaltsam beginnt die Abwärtsspirale; die Erträge der Firma Bullrich fallen pro Jahr um zehn Prozent; ab Anfang der siebziger Jahre schreibt das Unternehmen rote Zahlen.

1972 stirbt Clara Spielhagen und vererbt das Unternehmen an ihren 1945 mit Intrigen aus der Firma hinausgedrängten Neffen Paul. Dieser, mittlerweile Landgerichtsdirektor, steht kurz davor, das Erbe auszuschlagen. Er hat seiner Tante und dem Prokuristen nie verziehen; dazu kommt die verlustreiche Situation der Firma. Sein Sohn Paul-Michael kann ihn jedoch zur Überwindung seiner Ressentiments bewegen, da er sich dem Unternehmen nach Abschluss seines Jurastudiums widmen möchte. Paul Spielhagen tritt das Erbe tatsächlich an und wandelt die Firma zum 1. Oktober 1972 in eine Kommanditgesellschaft um; zur Vermeidung von Konflikten mit seiner Stellung als Senatspräsident des Berliner Kammergerichtes wird seine Ehefrau Marianne als persönlich haftende Gesellschafterin ins Handelsregister eingetragen. Vorher jedoch zieht er aus der wirtschaftlich fatalen Lage des Unternehmens die

*Bullrich-Inhaber (v. l.): Paul-Michael Spielhagen (1973-31.12.1981),*
*Marianne Spielhagen (1972-1973), Paul Spielhagen (1942-1945; Erbe 1972)*

Konsequenzen und schließt mit Paul Wever eine Zusatzvereinbarung zu dessen Vertrag von 1961, die den nunmehr fast 87-Jährigen bei weiteren regelmäßigen Bezügen faktisch in den Ruhestand befördert. Unabhängig davon, dass Wever das Renteneintrittsalter bereits weit überschritten hat, hätte die unterschiedliche Vita der beiden Männer mit ihren persönlichen Ressentiments einer vertrauensvollen Zusammenarbeit ohnehin im Wege gestanden.

Wever betrachtet die Vorwürfe als persönlichen Affront. Er ist sich keines Fehlverhaltens bewusst und beschreibt seinen Abschied aus dem Unternehmen wie folgt: »*Im Verlauf der Übergabeverhandlung gewann ich den Eindruck, dass von mir Auskünfte nicht gewünscht würden und meine Anwesenheit überflüssig sei. Ich verließ daher vorzeitig wieder die Geschäftsräume der Firma Bullrich.*« Damit geht die Ära Wever nach 50 Jahren zu Ende, aber nicht so unspektakulär, wie es der frühere Prokurist beschreibt. Immerhin wird Wever in seinen Erinnerungen, in denen er 1973 die »*wohl nur mir in vollem Umfange bekannte Entwicklungsgeschichte*« des Unternehmens aufzeichnet, die Historie weitgehend verfälscht und vorrangig zu seinen Gunsten darstellen. Er lässt das umfangreiche Werk, das er direkt nach seinem Ausscheiden aus dem Unternehmen verfasst, allen »*Personen, die an dem Schicksal der Firma A. W. & C. W. Bullrich, Berlin 30, Kurfürstenstraße 19, Anteil genommen haben, sei es durch Mitarbeit oder geschäftliche Verbindung, sei es durch Bezug der vertriebenen Erzeugnisse*«, also auch Arzneimittelherstellern, Großhändlern, Apothekern sowie weiteren Lieferanten und Kunden zukommen. Dieses geschäftsschädigende Verhalten wird Teil eines arbeitsrechtlichen Prozesses, der 1977 zwischen Wever und der Firma Bullrich ausgetragen wird.

Paul-Michael Spielhagen, der sein Studium 1973 beendet, übernimmt wie geplant das Unternehmen als persönlich haftender Gesellschafter. Er beginnt umgehend mit der dringend notwendigen Sanierung: Rationalisierungsmaßnahmen auf dem Verpackungssektor, Erhöhung der Abgabepreise und Einsparungen bei den Lohnkosten sollen helfen, das Firmenergebnis zu konsolidieren, aber explosionsartige Preissteigerungen bei Rohstoffen sowie dringend notwendige Reparaturen an der Immobilie Kurfürstenstraße 19 torpedieren alle Bemühungen. Um die Kosten in den Griff zu bekommen, sieht sich Spielhagen zu drastischeren Maßnahmen gezwungen: Er reduziert das Personal auf zwei Mitarbeiter und übernimmt selbst die Bedienung des Tabletten-Rundläufers. Die Maschine, die schon in der Kriegsauslagerung in Bernstadt Dienst tat, müsste dringend ersetzt werden, doch Investitionen sind nicht möglich; die Einnahmen aus der Berliner Produktion decken gerade eben einmal die Kosten. Ohne die Lizenzeinnahmen aus Lechenich müsste der Betrieb sogar schließen. Verkehrsmittelwerbung für »Bullrich Salz« gibt es nur noch in der U-Bahnlinie 1, deren Station »Kurfürstenstraße« ganz in der Nähe der Fabrik liegt. Als weitere Werbemaßnahmen lässt Spielhagen

Regalstopper und Tragetüten fertigen, die er kostenlos an Apotheken verteilt. Wo die Tüten eingesetzt werden, kann der Umsatz tatsächlich gefestigt werden. Trotzdem scheint das Ende unausweichlich. Spielhagen spielt mehrere Szenarien durch. Er erwägt, das Berliner Werk zu schließen und in Lizenz produzieren zu lassen. Doch Gespräche mit potenziellen Lizenznehmern verlaufen wenig erfolgreich. 1981 beschließt er, sich endgültig von dem Unternehmen zu trennen, das sein Großonkel einst aus den Firmen *A. W. Bullrich vormals F. C. Stegmann* und *C. W. Bullrich* formte. Er gibt eine kleine, fast unscheinbare Anzeige in der *Frankfurter Allgemeinen Zeitung* und im *Handelsblatt* auf. Verschiedene Interessenten melden sich, unter anderem auch Unternehmen aus den Niederlanden und der Schweiz. Den Zuschlag erhält schließlich *Delta-Chemie Dr. Krauß & Dr. Beckmann GmbH & Co.* Das Unternehmen hat seinen Sitz in Neu-Isenburg in der Nähe von Frankfurt am Main, kann aber mit *Schäfers Apotheke* in der Schöneberger Kleiststraße 34 auf Berliner Wurzeln zurückblicken. Am 9. November 1981 unterzeichnen Paul-Michael Spielhagen, Dr. Theo Krauß und Dr. Klaus Beckmann den Kaufvertrag; am 1. Januar 1982 wechselt *A. W. & C. W. Bullrich* den Besitzer.

# Why suffer from indigestion?

Take a teaspoonful of "Bullrich Salt" or 1—2 "Bullrich Tablets" after every meal and you will be surprised how light and easy your digestion will be. "Bullrich Salt" neutralizes the stomach acids which are the cause of all your sufferings, frequent headaches, nausea, mouth acidity, loss of appetite, sour stomach, heartburn etc. Even if taken regularly after every meal all one's life, "Bullrich Salt" never loses its effectiveness and, what is most important, "Bullrich Salt" acts solely on the stomach acids it never in any way affects the intestinal or any other parts of the system.

# Bullrich-Salt
## The way to better digestion

# *Do you speak* »*Bullrich*«?

ERFOLGREICHE DEUTSCHE PRODUKTE haben im Ausland für den guten Ruf des Begriffes *Made in Germany* gesorgt, auch wenn der heutige Qualitätsbegriff ursprünglich von Engländern als Warnung vor deutschen Produkten verwendet wurde. Doch nicht jedes Produkt lässt sich so einfach exportieren. Insbesondere bei Arzneimitteln gibt es Kriterien, die »Auslandseinsätze« oft eher verhindern. Soll das Produkt als Arzneimittel exportiert werden, muss eine Zulassung des jeweiligen Importlandes vorliegen. Oder aber es muss ein Markt vorhanden sein. Sodbrennen zum Beispiel, das klassische Anwendungsgebiet für »Bullrich Salz«, ist in vielen europäischen Ländern überhaupt keine Indikation für ein Arzneimittel. In der Vergangenheit – die Gesetzgebung war Anfang des letzten Jahrhunderts noch grundlegend anders – war »Bullrich Salz« ein gern gesehener Gast in vielen Ländern der Erde. Aber nicht nur das Produkt wurde exportiert, auch die Differenzen und Streitigkeiten zwischen den beiden Bullrich-Firmen wurden jenseits der deutschen Grenzen ausgetragen. Das führte zum Beispiel dazu, dass auf dem niederländischen Markt für »*A.W. Bullrich's Universeel-Zuiveringszout*« und das gleichnamige »*C.W. Bullrich's*«-Produkt identische Gebrauchsanweisungen existierten, bei denen sich nicht mehr nachvollziehen lässt, wer bei wem und wann *abgekupfert* hat.

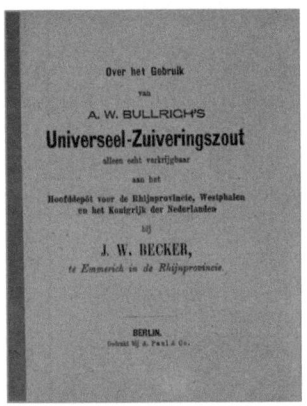

*Bis auf die Vornamen identisch: Gebrauchsanweisungen für das Universal-Reinigungssalz in niederländischer Sprache*

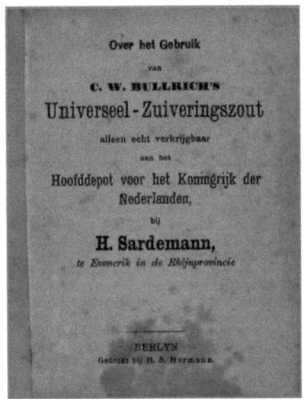

Nachdem in Deutschland 1894 das »*Gesetz zum Schutz von Waarenbezeichnungen*« erlassen wurde, werden Schutzrechte auch für den ausländischen Markt beantragt. Bereits 1913 verfügt *C. W. Bullrich* über Markenschutz für Deutschland, Österreich, Ungarn und die Schweiz – also den deutschsprachig beeinflussten Raum (Österreich und Ungarn sind zu der Zeit noch in der k.u.k.-Monarchie vereint). Auch *A. W. Bullrich vorm. F. C. Stegmann* sichert sich Schutzrechte für diese Länder. Mit zunehmendem Export steigt auch die Zahl der internationalen Warenzeichen.

Nachdem aus den beiden Firmen das Unternehmen *A. W. & C. W. Bullrich* entstanden ist, intensiviert sich das internationale Geschäft. Die Namen der Länder, in denen es Vertretungen gibt, werden auf die Faltschachteln gedruckt – die Liste liest sich wie eine Unterabteilung des 1920 gegründeten Völkerbundes: Argentinien, Belgien (mit Belgisch-Kongo), Bulgarien, Ceylon, Dänemark, Frankreich, Holland, Indien, Kanada, Kroatien, Mexiko, Österreich, Palästina, Persien, Portugal, Rumänien, Schweden,

die Schweiz, Serbien, Slowakei (später Tschechoslowakei), Transvaal, die Türkei, Ungarn, die Ver-
einigten Staaten von Amerika und Vorderindien –
»Bullrich Salz« ist auf fast allen Kontinenten vertreten. Bald wird der Platz auf den Faltschachteln zu
eng und es heißt nur noch »*Vertretungen in fast
allen Kulturländern*«.

Nach dem Krieg ist der Export zunächst nahezu
unmöglich; zudem sind die internationalen Markenzeichen beschlagnahmt. In vielen Ländern nehmen einheimische Magenmittel den Platz des
»Bullrich Salz'« ein, so dass der Export nach 1945
nur noch eine geringe Rolle spielt. Statt Ausfuhr
setzt das Unternehmen auf Lizenzproduktion: Am
1. Oktober 1957 wird mit dem Apotheker *Joachim
Meyer* aus Herisau ein Lizenzvertrag für die Schweiz
ge-schlossen; am 1. Januar 1958 folgt ein entspre-
chender Vertrag mit der *Fa. Stefan* in Linz, die später in der *Mundipharma GmbH* aufgeht, für Österreich. Bis zum heutigen Tage beschränkt sich das
Verbreitungsgebiet aufgrund des Heilmittelgeset-
zes auf den deutschsprachigen Raum.

# ... ist Buchholz für die Weltanschauung

SEIT 1982 STEHT der Kabarettist auf der Bühne. **Martin Buchholz**, gelernter Reporter und Redakteur, ist als »*wortreicher Spurensucher und treffsicherer Mundwerker*« bekannt, »*bei dem sich kritische Analyse und spaßige Denkverführung ergänzen*«. Mit dieser Würdigung erhält er 1990 den *Deutschen Kleinkunstpreis* in der Sparte Kabarett. Es soll nicht der einzige Preis bleiben.

Die Münchner *Abendzeitung* verleiht ihm den »*Stern des Jahres*« für das beste Kabarettprogramm 1996 mit der Begründung: »*Arm in Arm mit dem Gevatter Unsinn dem Sinn auf den Fersen*«. 1998 heißt es in der Laudatio zum *Deutschen Kabarettpreis*: »*Er erweist sich als ein messerscharfer Analytiker des wiedervereinten Deutschlands, dessen Be- und Empfindlichkeiten er exakt auf den Punkt bringt. Mit Tempo und Niveau entwickelt er sein eigenes Weltbild. Rhetorisch brillant und sophistisch in der Argumentation fordert Buchholz sein Publikum von der ersten bis zur letzten Minute.*«

Wer ihn auf der Bühne gesehen hat, der weiß: Bei Buchholz kann man sich nicht nur hinsetzen und zuhören – man muss mitdenken. In jedem Halbsatz, jeder Nuance und jeder Pause steckt eine Sinnhaftigkeit oder ein Zusammenhang, der entdeckt werden will. Das haben seine Programme gemeinsam – und nicht nur das: Seit 1982 beschließt Buchholz seine Abende mit dem Satz *»Was Bullrich-Salz für die Verdauung, ist Buchholz für die Weltanschauung.«*

Erfunden hat er diesen Satz nicht, das weiß der sprachbegabte Künstler. Unumwunden gibt er zu, ihn geklaut zu haben. Aber nicht aus der Reklame. Das Original *»Was Goethe für die Weltanschauung …«* hat er erst sehr viel später gehört. Überhaupt ist Buchholz, obgleich gebürtiger Berliner, vorher nie mit »Bullrich Salz« in Berührung gekommen, bis sich sein Motto herumgesprochen hatte. *»Es kommen nach den Auftritten gelegentlich Zuschauer zu mir mit einer uralten Packung oder einem alten Werbeschild von ›Bullrich Salz‹«*, erzählt er. *»Aber keins mit einem Spruch, sondern nur mit dem Namen oder einer abgebildeten kleinen Dose.«*

Befragt nach der Geschichte seines Mottos, entführt Buchholz den Zuhörer in das alte West-Berlin, wo seine journalistische Laufbahn 1961 als Gerichts- und Polizeireporter in der Lokalredaktion der Zeitung *Abend* begann. Sein damaliger Lokalchef erzählte in geselliger Runde gerne von den alten, wilden Zeiten. Damals, in den Irrungen und Wirrungen direkt nach dem Krieg, schien alles möglich. Da gab es in den späten 1940er Jahren den selbst ernannten *»Propheten der Liebe«*, Jakob Kuny[41], der den *»Illuminaten-Orden der Kunylogie«* propagierte. Ein zentraler Punkt der Satzung: *»Jeder Ordensbruder ist verpflichtet, sein Leben dem Dienst der Liebe zu weihen und in keiner*

[41] *Jakob Kuny, 1893 in Basel geboren, erlernte den Beruf des Kochs und arbeitete in vielen schweizer und deutschen Hotels, unter anderem nach 1918 auch in Berlin im »Adlon« und im »Kaiserhof«. Er blieb allerdings nirgends sehr lange, da er sich immer wieder mit Kollegen und Vorgesetzten überwarf. Schon früh war ihm klar, dass er der Menschheit etwas zu sagen hatte. Nach etlichen, eher unbekannt gebliebenen Werken schrieb er in den letzten Jahren des Zweiten Weltkrieges seine »Lehre von der Liebe, die die Menschheit veredelt« – die Kunylogie. Er ließ keine Gelegenheit aus, diese Lehre bekannt zu machen. 1948 hatte er wieder einmal eine »öffentliche Verkündigung unter freiem Himmel«, diesmal vor dem Bahnhof Zoo, angemeldet. Kurz zuvor war die Währungsreform im Westsektor vollzogen worden, worauf die Sowjetunion mit der Blockade Berlins reagiert hatte. Und nun wollte dieser harmlos aussehende Mann auftreten, der in den vergangenen Wochen gerade bei Studenten so merkwürdige Reaktionen ausgelöst hatte. Das war der britischen Militärverwaltung dann doch zu heikel.*

*Wenige Stunden vor dem geplanten Beginn holte die Militärpolizei Kuny aus seiner Wohnung in der Kurfürstenstraße 173 a, nicht weit von der Bullrich-Fabrik entfernt, und nahm ihn in Schutzhaft. Die Zuhörer, zumeist Studenten, die sich um einen Jux gebracht sahen, forderten lautstark die Freilassung des »Meisters«; die Menge schwoll rasch von wenigen Hundert auf ein paar Tausend an und zog über den Kurfürstendamm. Als nach den »Freilassen«-Rufen auch eine freie »Kuny-Zone« gefordert wurde, wurde die Polizei nervös. Jeder, der sich auch nur zufällig in der Nähe befand, wurde festgenommen und abtransportiert. Erst nach Stunden konnte die öffentliche Ruhe wiederhergestellt werden. Nur Kuny bekam in seiner Schutzhaft nichts davon mit, was er nachträglich sehr bedauerte. Er starb im Dezember 1977 in Berlin.*

*Lage davon abzuweichen«.* Natürlich waren auch Frauen zugelassen – so eng wurde der Begriff *Ordensbruder* auch wieder nicht gesehen. Die Berliner, besonders die Studenten, strömten zu seinen Vorträgen. Obwohl jede Veranstaltung des *Ordensmeisters* innerhalb kürzester Zeit in Gelächter und ohrenbetäubendem Lärm von Kuhglocken und Trillerpfeifen unterging, blieb Kuny unbeirrbar von seiner Sache überzeugt:

> *»Ich weiß, dass sie mich nicht ernst nehmen, aber sie sind meine*
> *kostenlosen Propaganda-Truppen, die den anderen, die mich*
> *noch nicht kennen, meine Lehre bekannt machen«.*

Zum Höhepunkt der Veranstaltungen umringten die Studenten den *Meister*, hoben ihn auf ihre Schultern und trugen ihn durch den Saal hindurch auf die Straße. Dabei skandierten sie rhythmisch: *»Ein Volk – ein Reich – ein Kuny!«*, *»Was für den Schmalz die Griebe, ist Kuny für die freie Liebe!«* oder eben *»Was Bullrichsalz für die Verdauung, ist Kuny für die Weltanschauung!«* Besonders der letzte Schlachtruf faszinierte Buchholz so sehr, dass er ihn zu seinem Motto erhob. *»Mich hat die Geschichte mit der Weltanschauung gereizt«*, sagt er. Und das meint er wörtlich. Schließlich vermittelt er ja keine neue Lehre, sondern sorgt dafür, dass seine Zuhörer ihre Welt anschauen – aber mit seinen Augen. Dass dabei manches anders aussieht als gewohnt, ist typisch für das Kabarett.

Bei den ersten Auftritten im Osten nach der Wende 1989 stellte Buchholz zu seiner Überraschung fest, dass nur wenige seiner dortigen Zuhörer den Namen oder die Marke kannten. *»Nur die ganz Alten konnten mit ›Bullrich Salz‹ etwas anfangen«*, erinnert er sich. Das hat ihn aber bis heute nicht davon abgehalten, seine Programme mit dem Bullrich-Motto abzuschließen. Gelegentlich – aber nur ausnahmsweise – hat er es aber doch weggelassen. *»Wenn man politisch brisante Themen im Kabarett behandelt, zum Beispiel nach dem Brand der Asylbewerberheime, und das Publikum mit einem heftigen Denkanstoß nach Hause schickt, dann ist die feine Ironie des Bullrich-Mottos manchmal fehl am Platz«*, begründet er seine Haltung. *»Aber oft kommen gerade dann die Leute und beschweren sich, weil sie den Spruch vermisst haben.«*

Auch viele andere Bühnen- und Fernsehschaffende pflegen ihre Auf- und Abtrittssprüche: Von *»Alles wird gut«* (Nina Ruge) über *»Passen Sie gut auf sich auf«* (Jürgen Fliege) und *»Viel Freude beim Vermehren der gewonnenen Einsichten«* (Maybrit Illner) bis zum Brechtschen *»Der Vorhang zu und alle Fragen offen«* (Marcel Reich-Ranicki) reicht die Palette. Auch Buchholz lässt Brecht im Gespräch hochleben: *»Was Bertolt für die Grunderbauung, ist ›Bullrich Salz‹ für die Verdauung«*. Das Bullrich-Motto ist das Markenzeichen des Kabarettisten. Diesen Spruch verwendet er auf Plakaten, auf der Website und in Vorankündigungen; mit diesem Spruch animieren seine Fans ihre Freunde zum Besuch seines Programms. Und nicht selten stellt man ihm die Frage *»Sie hatten doch da mal einen Spruch ...«*

# *Von nun an geht's bergauf!*

AM 22. MAI 1981 ERSCHEINT in der *Frankfurter Allgemeinen Zeitung* unter dem Absender eines Berliner Rechtsanwaltes eine kleine, unscheinbare Anzeige, die das Interesse eines mittelständischen Familienbetriebes in der Nähe von Frankfurt am Main, der Firma *Delta-Chemie Dr. Krauß & Dr. Beckmann GmbH & Co. KG*, weckt:

---

**Pharmazeutische Firma**

A. W. u. C. W. Bullrich (Bullrich-Salz) zu verkaufen, Jahresumsatz ca. DM 800 000,—, diverse Warenzeichen. Angebote schriftlich an: Rechtsanwalt Harald-K. Thiele, Bayerische Str. 31, 1000 Berlin 15.

---

Hervorgegangen aus der 1889 in Berlin gegründeten *Schäfers Apotheke* mit dem um 1920 angeschlossenen D.D.D.-Laboratorium, seit 1934 im Besitz der Familie Krauß, hat sich *Delta-Chemie* nach dem Krieg zunächst in Frankfurt, später in Neu-Isenburg niedergelassen. Neben Dr. Theo Krauß und Dr. Klaus Beckmann ist mit dem Neffen bzw. Sohn Heiner Beckmann mittlerweile die dritte Generation der Familie in die Geschäftsleitung aufgerückt. In bewährter Tradition sind alle drei Inhaber approbierte Apotheker; insofern ist ihnen

*Stolz auf »Bullrich«-Magensalz :*
*(v.l.n.r.)Heiner Beckmann, Dr. Klaus*
*Beckmann und Dr. Theo Krauß 1984 vor*
*dem delta-Firmensitz in Neu-Isenburg.*
*Das Emailschild wurde später gestohlen.*

»Bullrich Salz« natürlich ein Begriff. Dr. Theo Krauß kannte darüber hinaus wie seinerzeit alle Berliner Jungs die Bullrich-Verse aus der U-Bahn auswendig; und da er auch sein Studium in Berlin absolvierte, ist ihm natürlich auch Jakob Kuny nicht unbekannt.

Die Unternehmer sind immer interessiert am Erwerb von Marken, mit denen sie das Sortiment ihrer Firma – Haushaltsprodukte wie »*Dr. Beckmann Fleckensalz*« und die »*Fleckenteufel*« sowie rezeptfreie Arzneimittel wie »*DDD Hautmittel*« und Kosmetika (»*Blistex*«) – erweitern können. Daher nehmen sie wenige Tage nach Erscheinen der Anzeige Kontakt mit dem Inserenten auf. Bald folgen die ersten persönlichen Gespräche, und in relativ kurzer Zeit sind sich beide Parteien einig. Mit Wirkung vom 1. Januar 1982 wird die Firma *A. W. & C. W. Bullrich* mit allen Produkten und Warenzeichen nach Neu-Isenburg überführt.

Das Jahr 1982 beginnt mit einem Paukenschlag. Im Februar veröffentlicht *Stiftung Warentest* das Testergebnis für apothekenpflichtige und freiverkäuf-

Zeitschrift der Stiftung Warentest anzeigenfrei DM 4,– 17. Jahrgang Februar 1982

# test 2

## Test: Magenmittel

Im Februar 1982 testete Stiftung Warentest Magenmittel. Bitte, informieren Sie sich, welche Werte die freiverkäuflichen Bullrich-Salz Tabletten im Vergleich zu den apothekenpflichtigen Konkurrenzprodukten erzielten. Nachstehend finden Sie alle getesteten Tabletten-Präparate mit ihren Wirkungen aufgeführt. Auf Wunsch senden wir Ihnen gern eine Kopie des kompletten Testberichts zu.

| Es wurden verglichen | Produkt A | Produkt B | Produkt C | Produkt D | Produkt E | Produkt F | Produkt G | Bullrich-Salz Tabletten |
|---|---|---|---|---|---|---|---|---|
| | Apotheken-pflichtig | Apotheken-pflichtig | Apotheken-pflichtig | Apotheken-pflichtig | Apotheken-pflichtig | Apotheken-pflichtig | Apotheken-pflichtig | frei-verkäuflich |
| Säure-bindungs-vermögen | mittel | mittel | mittel | stark | stark | stark | mittel | stark |
| Schnellig-keit des Wirkungs-eintritts | langsam | langsam | mittel | schnell | schnell | schnell | schnell | schnell |
| Wirkungs-dauer in Minuten | kurz | kurz | kurz | mittel | kurz | kurz | mittel | mittel |
| Preis einer Dosis in DM Min./Max.-Dosis | 0,20 / 0,40 | 0,21 / 0,42 | 0,20 / 0,40 | 0,41 / 0,82 | 0,19 / 0,38 | 0,20 / 0,40 | 0,18 / 0,36 | 0,10 / 0,15 |

liche Magenmittel. Der neue Markenbesitzer wird vom Ergebnis positiv überrascht, denn »Bullrich Salz« erhält ein »gut« für Säurebindungsvermögen, Wirkungseintritt und Wirkungsdauer. Als herausragend wird der günstige Preis bewertet. Einen besseren Start kann man sich nicht wünschen.

Gemeinsam mit den Inhabern entwickelt Werbeleiter Peter van Deun ein Konzept zur Wiederbelebung der über 150 Jahre alten Marke. Da in den vergangenen fünfzehn Jahren nur noch sporadisch geworben wurde, muss zunächst die Markenbekanntheit wieder aufgebaut werden. Auch der Vertrieb ist gefordert: Bislang hatten Paul-Michael Spielhagen in Berlin und Frédéric Monnier in Bevensen bzw. Lechenich ausschließlich den Apothekengroßhandel beliefert oder Bestellungen ausgeführt. Nun besuchen Vertreter der neuen Besitzer erstmals persönlich Apotheken und Drogerien; bald darauf wird auch der Kontakt zu Drogeriemärkten und dem Lebensmittelhandel geknüpft. *Delta-Chemie* geht in der Markenführung offensive Wege. Die Unternehmer sind sich bewusst, dass sie in die Marke investieren müssen, wenn sie langfristig erfolgreich sein wollen. Das Vertriebsnetz wird erweitert, regelmäßige und vor allem häufige Anzeigenwerbung folgt. Dazu werden mit Zeitungen und Zeitschriften PR-Aktionen vereinbart, bei denen die universelle Verwendbarkeit des Produkts präsentiert wird. Zusätzlich tritt Peter van Deun in Kontakt mit dem Deutschen Hausfrauen-Bund (DHB), der Interessenvertretung der Haushaltsführenden. Hier stößt sein Engagement auf ganz besonders offene Ohren, denn viele der im Verband zusammengeschlossenen Hausfrauen kennen »Bullrich Salz«, seine Vielseitigkeit in der Anwendung und natürlich auch die altbewährten Reklameverse. Da diese Verse auch wieder in der aktuellen Werbung verwendet werden, greift ein Rad ins andere. Andere originelle Werbemittel wie eine Pappfigur zur Schaufensterdekoration oder Jahreskalender mit Reklameversen helfen mit, dass das altbewährte Mittel wieder an seine früheren Erfolge als viel gefragtes Mittel für Gesundheit und Haushalt anknüpfen kann.

1987 entscheidet sich das Unternehmen zudem, eine weitere Tradition wieder aufleben zu lassen. Zusätzlich zu den Anzeigen wird ein Test mit Verkehrsmittelwerbung durchgeführt. Als Testmarkt dient die alte Bullrich-Heimat – und so zieren von 1988 bis 1990 farbige Plakate die Fenster vieler Berliner U-Bahn-Waggons[4]: »*Ja schon der Jäger aus Kurpfalz nahm oft und gerne Bullrich-Salz*«, »*Bullrich darf man nie vergessen – nach trocknem Wein und gutem Essen*« und »*Der Kater kommt vom Alkohol, doch Bullrich tut dem Magen wohl*«. Die alten Verse stoßen auf neue Gegenliebe. Nur »*So nötig wie die Braut zur Trauung, ist Bullrich-Salz für die Verdauung*« löst ambivalente Reaktionen aus[42]. Täglich

[42] *Siehe Kapitel »Der Vers mit der Braut« (Seite 95)*

---

**Wenn wütend sich dein Magen krümmt, nimm Bullrich-Salz – es hilft bestimmt!**
Bullrich-Salz hilft bei Sodbrennen, Völlegefühl und Alkohol-Kater. Aber auch beim Kochen und für viele andere Zwecke in Haus und Küche! Gegen DM –,50 in Briefmarken für Porto erhalten Sie die GRATIS-Broschüre „44 Ratschläge".

Bullrich-Salz bei Sodbrennen, Magendruck, Kater. Neutralisiert überschüssige Magensäure. Bei anhaltenden Beschwerden Arzt befragen. Delta-Chemie · 6078 Neu-Isenburg

**Was für den Anwalt sind die Klagen, ist Bullrich-Salz für Darm und Magen!**
Bullrich-Salz hilft bei Sodbrennen, Völlegefühl und Alkohol-Kater. Aber auch beim Kochen und für viele andere Zwecke in Haus und Küche! Gegen DM –,50 in Briefmarken für Porto erhalten Sie die GRATIS-Broschüre „44 Ratschläge".

Bullrich-Salz bei Sodbrennen, Magendruck, Kater. Neutralisiert überschüssige Magensäure. Bei anhaltenden Beschwerden Arzt befragen. Delta-Chemie · 6078 Neu-Isenburg

**So sparsam Bullrich im Gebrauch, so sicher ist die Wirkung auch!**
Bullrich-Salz hilft bei Sodbrennen, Völlegefühl und Alkohol-Kater. Aber auch beim Kochen und für viele andere Zwecke in Haus und Küche! Gegen DM –,50 in Briefmarken für Porto erhalten Sie die GRATIS-Broschüre „44 Ratschläge".

Bullrich-Salz bei Sodbrennen, Magendruck, Kater. Neutralisiert überschüssige Magensäure. Bei anhaltenden Beschwerden Arzt befragen. Delta-Chemie · 6078 Neu-Isenburg

**Was Goethe für die Weltanschauung, ist Bullrich-Salz für die Verdauung!**
Bullrich-Salz hilft bei Sodbrennen, Völlegefühl und Alkohol-Kater. Aber auch beim Kochen und für viele andere Zwecke in Haus und Küche! Gegen DM –,50 in Briefmarken für Porto erhalten Sie die GRATIS-Broschüre „44 Ratschläge".

Bullrich-Salz bei Sodbrennen, Magendruck, Kater. Neutralisiert überschüssige Magensäure. Bei anhaltenden Beschwerden Arzt befragen. Delta-Chemie · 6078 Neu-Isenburg

geht eine Vielzahl von Briefen ein, in denen die Erinnerung an diese, wie auch viele andere Bullrich-Reime hochgehalten wird. Die Berliner entdecken »Bullrich Salz« wieder: Dank der zusätzlichen U-Bahn-Werbung schnellt der Absatz um mehr als 37% in die Höhe.

1988 droht Unheil seitens des Regierungspräsidiums in Darmstadt. Mit Schreiben vom 25. April setzt die Aufsichtsbehörde das Unternehmen davon in Kenntnis, dass die Untersagung des Vertriebs der Arzneimittel »*Original Bullrich Salztabletten*« und »*Original Bullrich Salz*« geprüft werde. Es werde mit den Anwendungsgebieten »Magendruck, Völlegefühl und Alkohol-Kater« geworben, obgleich dafür keine Zulassung durch das Bundesgesundheitsamt vorliege. Zehn Jahre zuvor war bei der notwendigen Neuregistrierung ein Formfehler unterlaufen, der sich nun auswirkt. Aber durch eine lange Tradition umfangreicher medizinischer Indikationen lässt sich nachweisen, dass die beanstandeten Anwendungsgebiete seit Jahrzehnten genehmigt waren und die Neuregistrierung aus Unkenntnis tatsächlich nur einmalig fehlerhaft erfolgte. So ein *Fauxpas*, wie er 1895 Anna Bullrich mit dem Versäumnis des rechtzeitigen Eintrags in die Warenzeichenrolle unterlaufen war, soll nicht noch einmal passieren! Die Vorlage der früheren Registrierungen und der Hinweis auf mehr als 160 Jahre Heilmittel-Tradition schaffen das Problem vom Tisch.

Am 9. November 1989 fällt in Deutschland die Mauer; die neue Freizügigkeit im Warenverkehr eröffnet auch »Bullrich Salz« die Rückgewinnung eines alten Verbreitungsgebietes. Obwohl über vierzig Jahre in der DDR nicht erhältlich, sind Marke und Sprüche noch vielen Menschen im Gedächtnis; für etliche ist es wie die Wiederbegegnung mit einen guten, alten Freund.

Nachdem *delta chemie* die Firma *Pronatura* übernommen und ihren Namen in *delta pronatura geändert* hatte, stellt das 1978 geänderte Arzneimittelgesetz das Unternehmen 1993 erneut vor eine Herausforderung. Alle auf dem Markt befindlichen Arzneimittel bis zum Jahr 2000 eine Neuzulassung erhalten haben. Dadurch soll unter anderem geprüft werden, inwiefern Medikamente und ihre Inhaltsstoffe noch zeitgemäß sind. Um diesen Nachweis zu erbringen, müssen in Umfang, Zeit und Kosten aufwändige klinische Nachweise über Wirkung und Verträglichkeit sowie Neben- und Wechselwirkungen mit anderen Arzneimitteln durchgeführt werden. Auf Grund seiner langen Existenz kann »Bullrich Salz« aber eine besondere Regelung in Anspruch nehmen: Die Zulassung am 13. September 1999, die ab jetzt alle fünf Jahre erneuert werden muss, erfolgt als »*traditionelles Arzneimittel*«. Dafür entfallen allerdings alle Indikationen, die sich auf die Anwendung bei Verdauungsproblemen beziehen. Die offizielle Zulassungsformulierung lautet nun: »*Traditionell angewendet als mild wirkendes Arzneimittel bei Sodbrennen und säurebedingten Magenbeschwerden.*« Die Kehrseite: Damit gehören viele Bullrich-Verse, insbesondere jene, die sich auf *Verdauung* reimen, endgültig der Vergangenheit an und haben nur noch musealen Wert.

Obschon inzwischen über 165 Jahre alt, ist »Bullrich Salz« nach wie vor ein Einzelprodukt. August Wilhelm Bullrich hatte 1851 zwar zusätzlich ein Sodawasser unter seinem Namen im Angebot, damit aber keinen wirklichen Erfolg verzeichnen können. Auch das in den zwanziger Jahren in Anlehnung an die in angelsächsischen Ländern beliebten Stoffwechselsalze für den Export entwickelte »Bullrich Fruit Salt« konnte sich nicht am Markt durchsetzen. Und nach 1982 gilt es zunächst, die Marke und vor allem die Bekanntheit wieder aufzubauen, bevor über den Ausbau nachgedacht werden kann.

Mitte der neunziger Jahre ist die Zeit für neue Bullrich-Produkte gekommen. Das aktuelle Gesundheitsproblem heißt Übersäuerung; die Lebens- und Essgewohnheiten (Stressbelastung, falsche oder einseitige Ernährung) haben zu einem Mangel an basischen Mineralstoffen geführt mit der Folge, dass vielfach der Säure-Basen-Haushalt des Körpers ins Ungleichgewicht gerät. Dem gegenüber steht eine Geistes- und Lebenshaltung, die mit »*Wellness*« bezeichnet wird und auf Wohlbefinden, Spaß und gesunde Ernährung, gepaart mit Selbstverantwortung, Körperbewusstsein, Stressmanagement und Umweltsensibilität, abzielt. Die Verbindung der veränderten Gewohnheiten mit dem Wellness-Gedanken führt 1995 zur Präsentation einer zeitgemäßen Produktlinie unter dem Namen »Bullrich's Vital«. Die Kombination des bewährten Natriumbicarbonats zur raschen Säurebindung mit wichtigen basischen Mineralstoffen (Calcium, Magnesium, Natrium und Phosphor) hilft gegen die negativen Auswirkungen der modernen Zeit. Auch in einer Studie des der Universität Innsbruck angeschlossenen Instituts für Regenerationsforschung in Lans mit dem Titel »*Einflüsse von basischen Mineralsalzen auf den menschlichen Organismus unter standardisierten Ernährungsbedingungen*« wird die Notwendigkeit einer solchen Mineralstoffkombination bestätigt:

»*Der lebensnotwendige, körpereigene Mechanismus zur Regulierung des Säure-Basen-Haushaltes, das sogenannte Puffersystem, stößt immer häufiger an seine Kapazitätsgrenzen. Der Mensch hat seine Lebensgewohnheiten so verändert, dass saure Substanzen, die der Körper nicht abpuffern kann, im Bindegewebe zwischengelagert werden – es kommt zur Übersäuerung, zur Azidose! Zu diesen ›ungesunden Lebensgewohnheiten‹ zählen viele Errungenschaften unserer heutigen Zivilisation, wie z. B. zu viel Fleisch, Fisch, Süßigkeiten, Kaffee, Alkohol und Nikotin. Wir essen zu schnell, zu viel, zu oft, zu schwer, zu trocken und zu spät am Abend. Hinzu kommen Bewegungsmangel und zunehmender Alltagsstreß.*«

So weit, so gut. Aber viel zu theoretisch. Das Unternehmen bietet seinen Kunden lieber die praktische Möglichkeit, sich selbst von versteckten Säurebelastungen zu überzeugen. Mit Hilfe beigelegter pH-Messstreifen kann jeder »Vital«-Anwender selbst überprüfen, ob und wie stark sein Körper übersäuert ist. Und er kann nachvollziehen, wie das Produkt wirkt. Die durch die Kontrolle nachprüfbare Wirkung kommt bei den Verbrauchern gut an: »Bullrich's

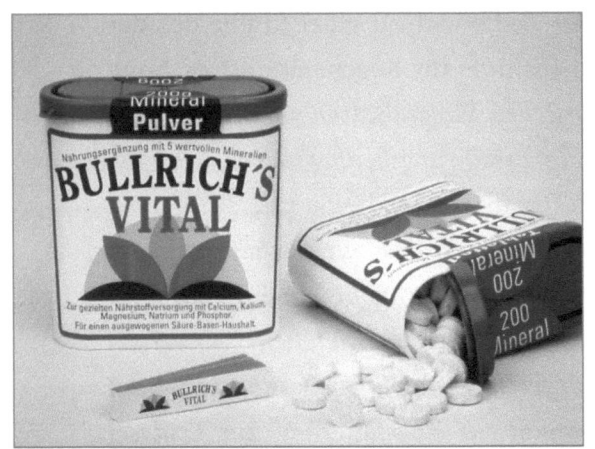

Vital« entwickelt sich zum Verkaufserfolg. Die Marke ist – im doppelten Sinne – »*in aller Munde*«. Davon profitiert ganz allgemein natürlich auch die Markenbekanntheit. Hatte sie 1987 noch bei 37% gelegen, kennen 2006 bereits mehr als 70% der Befragten die Marke »Bullrich Salz«.

*delta pronatura* investiert auch weiterhin in die traditionsreiche Marke. Eine Verbraucherbefragung hatte ergeben, dass Bullrich-Salz nach wie vor mit den bekannten Reklameversen verbunden ist. 1999 schreibt das Unternehmen einen Wettbewerb für neue Bullrich-Verse aus – und kann wieder einmal waschkorbweise Lesestoff entgegennehmen. Als Sieger gehen Reime aus dem Wettbewerb hervor, die ganz in der Tradition der klassischen Sprüche gehalten sind; für die neue Anzeigenkampagne werden die Verse »*Läßt Dir der Magen keine Ruh', nimm Bullrich Salz – das hilft im Nu*«, »*Nach Kaffee, Kuchen jedenfalls empfiehlt sich etwas Bullrich Salz*« und »*Sogar bei Stress, das ist der Hit, hält Bullrich Salz den Magen fit*« ausgewählt.

1999 ist die Zeit auch reif für eine neue Ansprache: Die TV-»*Familie Bullrich*« wirbt unter der Regie von Sönke Wortmann für »Bullrich Salz« und die Vital-Produkte. Es zeigt sich allerdings bald, dass »Bullrich's Vital« ein eher erklärungsbedürftiges Produkt ist, für das andere Werbeformen empfehlenswerter erscheinen. Der Hersteller besinnt sich neben einer ausführlichen Anzeigenkampagne auf Maßnahmen, die ganz in der Tradition August Wilhelm Bullrichs liegen: Die Präsentation der

Produkte auf Gesundheitsmessen und Fachausstellungen für Gesundheitsberufe, die gezielte Ansprache bei Kongressen und die Veröffentlichung von Ratgebern zu Themen wie »*Ernährung – Über Mineralien und Säuren*«, »*Diät – Leichter abnehmen durch Säureausgleich*« oder »*Sich schön essen – Gut aussehen durch Säureausgleich*« führen zu einem nachhaltigen Dialog mit Fachleuten und Verbrauchern, der durch intensive Pressearbeit ergänzt wird. Zusätzlich werden regelmäßig Verbraucherbefragungen durchgeführt und Produktkonzepte getestet. Und es entsteht eine neue TV-Kampagne unter der Regie von Dieter Wedel mit dem beliebten Schauspieler Ottfried Fischer.

So aktuell die Bullrich-Produkte sind, so reich ist auch ihre Tradition. Deshalb ist es nicht verwunderlich, dass die Marke Aufnahme in das Kompendium

deutscher Markenartikel, *Deutsche Standards – Marken des Jahrhunderts*, gefunden hat, zu dem es – wie das Foto zeigt – auch ein Memory-Spiel gibt. Seit Sommer 2004 hat »Bullrich Salz« auch seinen gebührenden Platz im *Deutschen Apotheken-Museum* in Heidelberg (www.deutsches-apotheken-museum.de) und seit 2008 in der *Pharmaziehistorischen Bibliographie*.

Dennoch ist »Bullrich Salz« alles andere als ein Museumsstück: Seit der Übernahme im Jahr 1982 hat *delta pronatura* dem traditionsreichen Produkt durch kontinuierliche Markenführung und innovative Produktentwicklungen ein erfolgreiches Comeback beschert. Natürlich ist die Marke auch heute nicht das »Universal-Heilmittel« das August Wilhelm Bullrich 1827 in dem von ihm erfundenen Präparat sehen wollte – aber das ist auch nicht ihr Anspruch. »Bullrich Salz« und die unter der Marke »Bullrich« vertriebenen Produkte sind der beste Beweis dafür, dass Tradition ein wichtiger Teil eines erfolgreichen Produktkonzeptes ist. Nicht umsonst wurde »Bullrich« im Sommer 2018 von der *Lebensmittel-Zeitung* zur »*Top Marke unter den freiverkäuflichen Arzneimitteln im Bereich Magen*« gewählt. Die Kampagne des Jahres 2019 läuft unter dem Slogan: »*Hören Sie einfach auf Ihr Bauchgefühl*«. Kürzer und präziser kann man es nicht ausdrücken.

# Back to the roots

WAS 1827 MIT pharmazeutischer Begeisterung und Forscherdrang begann, ab 1924 mit kaufmännischer Umsicht und kreativen Ideen fortgesetzt und seit 1982 mit modernen Marketing- und Vertriebsmaßnahmen erfolgreich ausgebaut wurde, ist spätestens mit dem Eintritt in das 21. Jahrhundert zu einer tragfähigen Dachmarke geworden, innerhalb derer neue Segmente strategisch erschlossen und ausgebaut werden können. Als Kernkompetenz gilt das Säurebindungsvermögen, das seit den Anfängen von »Bullrich's Universal-Reinigungs-Salz« die wichtigste Wirkungsweise der Präparate ist. Mit neuer Positionierung, aktuellem Design und einer frischen Kommunikationsstrategie ist »Bullrich« heute bestens für die Herausforderungen des Gesundheitsmarkts gerüstet.

Gleichzeitig besinnt sich die Marke auf ihre Wurzeln. Der Apotheker August Wilhelm Bullrich hatte im 19. Jahrhundert die Zeichen der Zeit erkannt und genutzt. War er einst selbst der Namensgeber für seine besonderen Präparate, steht der Name »Bullrich« als Dachmarke heute für die Fortführung der Tradition im neuen Gewand – als Sinnbild für Gesundheit, Natürlichkeit und gute Verträglichkeit. Und für die aktuellen Zeichen der Zeit, die den Begriff »Work-Life-Balance« erschaffen haben. Zu unregelmäßigen Zeiten arbeiten, zwischendurch schnell irgendetwas essen auf der einen Seite sowie gestiegenes Körper- und Verantwortungsbewusstsein auf der anderen Seite machen »Bullrich«-

Produkte unentbehrlich. Neben dem Klassiker »Original Bullrich Salz« bietet die Marke Heilerde-Produkte und Präparate zur Wiederherstellung der Säure-Basen-Balance. In Analogie zur »Work-Life-Balance« bietet »Bullrich« nun die »Health-Life-Balance«.

* »Bullrich Heilerde« ist ein reines, mineralisches Naturprodukt, das aus eiszeitlichen Lößablagerungen gewonnen wird. Je nach Mahlgrad kann es äußerlich (hautfein gemahlen) oder innerlich (ultrafein gemahlen) angewendet werden.
* »Bullrich Säure-Basen-Balance« hilft, wenn der Säure-Basen-Haushalt des Körpers, z. B. durch Stress, einseitige Ernährung oder körperliche Überanstrengung aus dem Gleichgewicht geraten ist.

Auch in der Kommunikation besinnt sich die Marke auf ihre Werte. Charmant und humorvoll greift die Werbung die Idee der zu Klassikern gereiften Bullrich-Verse auf und präsentiert sie in aktualisierter Form.

* Statt »*Bei jedem Brand die Feuerwehr, bei Sodbrand aber Bullrich her*« heißt es nun »*Denn es gibt immer einen Brand zu löschen*«.
* Aus »*Warte nicht, bis du ergrimmt bist – nimm Bullrich Salz, wenn du verstimmt bist*« wird »*Ein Grund weniger, wegen irgendwas sauer zu sein*«.
* Und statt der »*Braut zur Trauung*« bedient sich die Werbung nun eines anderen Familienmitglieds: »*Damit entgiften sie sogar ihre Schwiegermutter*«.

# Sönke Wortmann

Er ist Regisseur, Autor, Produzent, Schauspieler, Kameramann – und er schneidet auch noch selbst. Für seine Arbeit hat er bis heute viele Preise gewonnen und war für etliche weitere nominiert. Man stelle sich einmal vor, Sönke Wortmann wäre seinem ursprünglichen Berufswunsch gefolgt und Profifußballer geworden – der deutsche Film wäre um viele Meisterwerke (u. a. »*Allein unter Frauen*«, »*Kleine Haie*«, »*Der bewegte Mann*« oder »*Die Päpstin*«) ärmer. Nach dem Abitur ist Wortmann zwar drei Jahre lang Fußballprofi bei Westfalia Herne und der SpVgg Erkenschwick, doch letztlich obsiegt die Begeisterung für den Film. Trotzdem hat ihn die Leidenschaft für das runde Leder nie verlassen – mit »*Das Wunder von Bern*« lässt er 2004 den Mythos der Fußball-WM 1954 wieder auferstehen (was ihm viele Preise im In- und Ausland einbringt), und der Dokumentarfilm »*Deutschland – ein Sommermärchen*« über den Auftritt der deutschen Fußball-Nationalmannschaft bei der WM 2006 sorgt für Zuschauerrekorde sowohl im Kino als auch im Fernsehen und erneut für einen Preisregen: Wortmann heimst den *Bayerischen Filmpreis*, den *Preis der Deutschen Filmkritik*, den *Bambi* und den renommierten *Grimme-Preis* ein.

Sönke Wortmann ist es auch, der den ersten Fernsehauftritt von »Bullrich Salz« in Szene setzt. 1999 erscheint erstmalig »*BEI BULLRICHs*« auf dem Bildschirm. In einem Internet-Forum kann man über »Bullrich Salz« und die ersten TV-Spots lesen: »*Das sind Tabletten, die manche Leute nehmen, wenn sie Sodbrennen haben. [...] Ich habe selten Sodbrennen, und wenn doch, dann ist gerade die Familie Bullrich nicht in der Nähe. Familie Bullrich ist die Familie, mit der im Buntfernsehen für die Tabletten geworben wird. Die sind total glücklich, weil sie immer bei Sodbrennen Bullrich-Tabletten in der Nähe haben.*«

Die Bullrich-Familie, bestehend aus Opa, Mutter, Tochter und Sohn, polarisiert zwar mit Dialogen wie »*Opa, biste tot? – Cool, bekomme ich dann seinen Fernseher?*«, schafft aber den Spagat zwischen der Ansprache der bisherigen Verwender und der Gewinnung neuer, jüngerer Zielgruppen und trägt so zur positiven Entwicklung der Marke bei. Übrigens sind die Spots für »Bullrich Salz« nicht die einzige Werbearbeit des kreativen Regisseurs: Für eine Versicherung dreht er mit Mario Adorf, auch Finanzwerbung kann er filmtechnisch aufpeppen – und in Werbespots für die Deutsche Bahn tritt er sogar selbst auf. Für »Bullrich Salz« gilt zwischen 1999 und 2002 auf jeden Fall die Abwandlung eines früheren Bullrich-Slogans: »*Mit Wortmann geht's mir gut.*«

# Ottfried Fischer

## Ottfried Fischer, die Schweinshaxe und das Sodbrennen

Er ist »*Der Bulle von Tölz*«, »*Der Bestseller*«, »*Pfarrer Braun*« und »*Der Pfundskerl*« und noch viel mehr. 1982 beginnt Ottfried Fischers Film- und Fernsehkarriere, die heute mehr als zweihundert Produktionen umfasst, nicht eingerechnet einhundertundsiebzig Moderationen der Kabarettsendung »*Ottis Schlachthof*« zwischen 1995 und 2012. Eigentlich soll er Rechtsanwalt werden, doch Fischer eröffnet 1980 lieber mit Freunden das Münchner Hinterhoftheater, das zu seiner ersten Bühne und zum Sprungbrett wird.

Sein Markenzeichen ist sein Format; die Rollen, die er verkörpert, sind ihm »*auf den Leib*« geschrieben. Fischer ist mit sich und den von ihm dargestellten Charakteren eins: Bedächtig, aber konsequent gehen seine Figuren ihren Weg. Sein Wahlspruch lautet: »*Man muss sich selber treu bleiben, zumindest so lange, wie man es sich leisten kann*« – und das schätzen seine Fans. Vier Mal wird er in Österreich mit der *Goldenen Romy* als beliebtester Serienstar ausgezeichnet. Auch seine Kabarettarbeit ist preisgekrönt: 1985 erhält er den *Salzburger Stier*; ein Jahr später folgt – für ihn und seinen Bühnenpartner Jockel Tschiersch – der *Deutsche Kleinkunstpreis*.

Ab 2006 ist Ottfried Fischer für einige Jahre Protagonist der Werbespots für »Bullrich Salz«. Bevor er diesen Auftrag annahm, hatte er noch keine leibhaftige Begegnung mit dem traditionellen Arzneimittel gehabt, kannte aber den Namen durch das Motto des Kabarettkollegen Martin Buchholz. Als er im engeren Kreis von der Anfrage erzählt, ist er sehr erstaunt, wie viele seiner Freunde ihren Küchenschrank öffnen und sich als begeisterte Bullrich-Verwender outen. *»Da wusste ich, dass es ein gutes Produkt ist«*, schlussfolgert Fischer mit klaren Worten.

Mit dem Werbekonzept ist Fischer sofort einverstanden. Er kann sich damit sehr gut identifizieren, denn die Spots zeigen ihn in seinem schauspielerischen Alltag. Ob beim Einstudieren des Textes, in einer Drehpause, bei einer Sprechprobe oder beim Catering: Alle Spots sind von Regisseur Dieter Wedel (u.a. *»Die Affäre Semmeling«*, *»Der König von St. Pauli«*, *»Der Schattenmann«*, *»Der große Bellheim«*) glaubwürdig in Szene gesetzt. Die Zusammenarbeit mit Wedel – es war seine erste – hat ihm sehr gut gefallen: *»Er war wie erwartet hoch professionell; er ist sehr akribisch, sehr genau und war erstaunt, dass ich genauso bin. So haben wir zum Beispiel einen Satz 38 mal*

»A Hax'n ...«

»... die nehm' ich auch!«

»Keine Angst vor Sodbrennen?«

»Sodbrennen?
Was war das noch gleich?«

*wiederholt; entweder war er nicht zufrieden, oder ich nicht, oder wir beide.*« Welcher Satz das war, weiß er nicht mehr – aber dass er 38 Takes gebraucht hat, ist ihm vorher noch nie passiert. »*Wenn es darum geht, eine Pointe zu setzen, bin ich Perfektionist.*« Daran erkennt man die handwerkliche Präzision des Kabarettisten.

Der Aufwand hat sich gelohnt. Gleich im ersten Jahr ihrer Ausstrahlung können die Spots einen Preis einheimsen: In der Kategorie »*TV-Werbung für freiverkäufliche Arzneimitttel*« belegen sie den 1. Platz beim *Comprix Preis für innovative Healthcare-Communication,* einem Wettbewerb rund um »*Werbemittel und Kampagnen für verschreibungspflichtige, apothekenpflichtige oder freiverkäufliche Arzneimittel und sonstige Health-Care Aktivitäten.*«

Übrigens: Schweinshaxe – obwohl es der Text vorgibt – ist gar nicht Fischers Leibgericht. Einmal hat er diese Frage mit »*Rindsroulade und Kartoffelpüree*« beantwortet. »*Danach habe ich immer und überall Rindsroulade serviert bekommen, so dass es bald nicht mehr mein Leibgericht war. Das Geheimnis eines Leibgerichtes*«, fährt der Niederbayer mit verheißungsvollem Lächeln fort, »*ist ja, dass man es nur selten bekommt.*«

Unabhängig davon, was dem Schauspieler am besten schmeckt – bekömmlich muss es sein. Ansonsten kann er jetzt auf »Bullrich Salz« verweisen. Und damit beantwortet er auch die am Ende eines der TV-Spots gestellte Frage: »*Sodbrennen? Was war das noch gleich?*«

# *Kurioses rund um Bullrich Salz*

»BULLRICH SALZ« HAT sich im Laufe der Jahre einen Stammplatz in der deutschen Sprache erobert und ist zum Synonym für Magenmittel geworden – und noch mehr als das: Die Erfindung des Apothekers 1. Klasse A. W. Bullrich aus dem Jahre 1827 ist »Kult«, wie einige der folgenden kuriosen, witzigen, ungewöhnlichen und auch unglaublichen Geschichten zeigen.

1929 gehen die Mitglieder des »Bullrich-Clubs« aus Essen auf große Fahrt mit einem besonders dekorierten Bus.

Schreiben des Stammtisches »Bullrichsalz« im Nürnberger Restaurant *Grüner Bräu* vom 19. Juni 1931: »*Sehr geehrte Firma! Wir bestätigen den Empfang des Fahnentuches für unsere Standarte u. danken Ihnen im Namen des Stammtisches für Ihr Entgegenkommen recht herzlich. Der Stammtisch ›Bullrichsalz‹ wird bestrebt sein, das von Ihnen gestiftete Fahnentuch stets in Ehren zu halten. Mit vorzüglicher Hochachtung! Stammtisch ›Bullrichsalz‹, i. A. Johann R.*«

## Kleine Geschichte

Weit draußen auf der Heerstraße quält sich ein Mann damit ab, die Panne an seinem Auto zu beheben. Als alle Anstrengungen erfolglos blieben, begibt er sich zu einem in der Nähe befindlichen Haus, wo ihm ein junges Mädchen öffnet. Der Pechvogel fragt höflich, ob er nicht ein wenig Oel bekommen könne, es könne auch Rhizinusöl sein.

Worauf die holde Maid tief errötet und schamhaft flüstert: Wäre Ihnen vielleicht auch mit Bullrichsalz gedient?

*»12-Uhr-Blatt«, Berlin (9. September 1936)*

## Mit Bullrichsalz und Aspirintabletten

### Giftmordversuch
#### eines Vaters an seinem geisteskranken Sohn

München, 26. Okt. Unter der Anklage eines nicht alltäglichen Mordversuches hatte sich vor dem Schwurgericht des Landgerichts München 1 ein 57 Jahre alter Mann aus Trubben bei Pirmasens, wohnhaft in München, zu verantworten. Der Angeklagte hatte seinem 24-jährigen geisteskranken Sohn Mixturen und sonstige Mittel eingegeben, in der Absicht, ihn zu töten. Die Medikamente bestanden in der Hauptsache aus Bullrichsalz

Der Angeklagte gab an, daß er infolge des Zustandes seines Sohnes an schweren Gemütsdepressionen litt, die auch zu Zerrüttungen des Familienlebens führten. Er wollte daher seinen Sohn, der keinerlei Arbeit leisten konnte, auf eine nicht grausame Weise töten. Ein Naturheilkundiger, an den er sich wandte, ging zum Schein auf das Ansinnen des Beschuldigten ein und gab ihm die Medikamente, deren wirkliche Beschaffenheit er ihm verschwieg. Er behauptete dem Angeklagten gegenüber, die Mittel würden langsam, aber sicher wirken, ohne daß jemand etwas merke.

Der Sachverständige bezeichnete den Angeklagten für durchaus zurechnungsfähig. Der Staatsanwalt ließ mildernde Umstände gelten und beantragte wegen Mordversuchs eine Gefängnisstrafe von drei Jahren. Das Schwurgericht nahm das Vorliegen eines Gemütsaffekts an und verurteilte den Angeklagten wegen Totschlagsversuchs zu einem Jahr sechs Monaten Gefängnis unter Anrechnung der Untersuchungshaft und Haftfortdauer.

*»Straubinger Tageblatt« (27. Oktober 1937)*

*»Berliner Zeitung« (3. August 1947)*

# Dr. med. Lüders wußte Rat

### Ein Wunderarzt, ein Wundermittel und kinderfreudige Eheleute

Am 19. Januar 1953 berichtet die Berliner Zeitung *Der Morgen* über einen Betrugsversuch, bei dem »Bullrich Salz« eine Rolle spielt: »*Da war einmal ein Ehepaar in Berlin, das sich redlich vom Zigarrenhandel ernährte und alles für ein kleines Glück hatte – bis auf Kinder. Gott sei Dank befand sich unter den Kunden ein gewisser Dr. med. Werner Lüders. Der wußte Rat: Ein neues, unfehlbar wirkendes Mittel, mit dem er bereits verblüffende Erfolge erzielt habe. Freilich koste der Spaß etwa 55 DM. Die Eheleute zahlten freudig. Am nächsten Tag erschien der Arzt, unterzog die Patienten einer eingehenden Untersuchung, forderte sie auf, sich zu Bett zu legen, schüttete das Wundermittel – ein unscheinbares weißes Pulver – in ein Glas Wasser und ließ sie beide davon trinken. Dann forderte er seine Patienten auf, ein kleines Schläfchen zu machen, und empfahl sich mit guten Wünschen. Das Erwachen für die Eheleute war bitter. Es fehlten 200 DM und zwei goldene Armbanduhren. Und nach einer gewissen Zeit war von dem prophezeiten Kindersegen auch nichts zu merken. Der Wunderdoktor, so stellte es sich heraus, war ein achtmal vorbestrafter Betrüger mit dem schlichten Namen Werner Behrend. Und sein Wundermittel war nichts anderes als Bullrichs Salz. Für zwei Jahre und neun Monate kann er sich jetzt auf Staatskosten von seinen Eulenspiegeleien ausruhen.*«

Der 10. Mai 1963 gehört zu den Feiertagen der deutschen Boxfans. Vor 6000 begeisterten Zuschauern in der Berliner Deutschlandhalle gelingt dem Schwergewichtler Karl Mildenberger ein unerwarteter Punktsieg gegen den US-Amerikaner Von Clay. Dieser hatte schon im Vorfeld auf sich aufmerksam gemacht: Von Clay stiftete gewaltige Verwirrung beim Veranstalter, weil er am 6. Mai erst mit dreistündiger Verspätung in Berlin eintraf; der Boxer hatte in Frankfurt versehentlich einen falschen Anschlussflug genommen. Die *Sport-Depesche* kommentierte seinen Auftritt anlässlich der Pressekonferenz am 7. Mai 1963 wie folgt: »*Im Tagesraum des Hotels Lichtburg am Kurfürstendamm saß gestern ein dunkelhäutiger Hüne und schwenkte mißmutig ein Glas mit Bullrich Salz! ›O, my stomach‹, seufzte er und hielt sich den Magen, bevor er mit einer Grimasse das aufgelöste Pulver herunterkippte.*« Von Clay scheiterte übrigens nicht an »Bullrich Salz«, sondern am deutschen Rechtsausleger.

*Karl Mildenberger (links) gewann zwischen 1958 und 1969 sechs Mal den Europameister-Titel und führte mehrfach die Weltrangliste an. Von seinen 62 Kämpfen gewann er 53, davon 19 mal durch k.o.. Drei Mal endeten sie remis, und nur bei sechs Auseinandersetzungen, unter anderem am 10. September 1966 gegen Muhammed Ali, musste sich Mildenberger geschlagen geben.*

Am 30. April 1988 schreibt Rainer W. an den »Bullrich Salz«-Hersteller:

*»Sehr geehrte Damen und Herren, als großer Fan von Schnäpsen und anderen Lebenswässerchen (leider!) war ich durch das ständige Loch in meiner Haushaltskasse bisher darauf angewiesen, mir meinen eigenen Fusel zusammenzubrauen. Nun teilte mir ein Freund kürzlich mit, daß das Schnapsbrennen illegal sei. Da ich nicht gerne mit dem Gesetz in Konflikt kommen möchte, stellte ich meine Aktivitäten auf besagtem Gebiet ein und besorgte mir die überteuerte Ware aus dem Supermarkt. Glücklicherweise las ich neulich Ihre Anzeige in einer Zeitschrift, in der Sie das Sodbrennen anpriesen. Laut Ihrer Mitteilung kann dieser Vorgang mit »Bullrich Salz« betrieben werden, das in Ihrem Betrieb hergestellt wird. Da mir der Name Sod bisher noch nicht geläufig ist, habe ich noch einige grundlegende Fragen an Sie:*

1) *Aus was wird Sod gebrannt?*
2) *Wieviel Prozent Alkohol enthält selbstgebrannter Sod?*
3) *Welche Rolle spielt »Bullrich Salz« in dem Prozess?*
4) *Ist die Herstellung von Sod in einem Privathaushalt tatsächlich behördlich genehmigt?*
5) *Besitzen Sie evtl. Gebrauchsanweisung u. Materialliste zum Sodbrennen?*

*Ich bin mir sicher, dass Sie sich bei der Beantwortung meiner Fragen Mühe geben werden und ich erwarte gespannt Ihre Antwort.«*

Die Antwort folgt umgehend:

*»In der Tat werfen Ihre Fragen bezüglich des Sodbrennens Licht auf noch unvollständig geklärte Bereiche im Umfeld unseres »Bullrich Salz'«. Historisch verbriefte Quellen belegen die Ersterwähnung des Produktes »Bullrich Salz« anno 1827 n. Chr. Ob es zu dieser Zeit einen Berufsstand gab, der sich mit der Erzeugung von Sod befasste oder ob gar ein Ausbildungsgang zum ›Staatlich geprüften Sodbrenner‹ belegbar war, entzieht sich leider unserer Kenntnis. Insofern müssen wir Ihnen die Antworten zu den Fragen 1,2 und 5 schuldig bleiben.*

*Ihre dritte Frage – nach der Rolle des »Bullrich Salz'« beim Sodbrennen – lässt sich einfach beantworten: Die Verwendung von »Bullrich Salz« hat während des Brennens einen neutralisierenden Effekt. Andere Quellen berichten von leichter Verdaulichkeit, die der Verwendung von »Bullrich Salz« direkt zugeschrieben wird. Hier wird deutlich, dass »Bullrich Salz« während des Sodbrennens eine uneingeschränkt positive Rolle spielt. Ob die Herstellung von Sod in einem Privathaushalt genehmigungspflichtig ist, müßten Sie im Einzelfalle mit der für Sie zuständigen Behörde klären. Wir versichern Ihnen aber, daß Erwerb und Verwendung von »Bullrich Salz« – zu welchem Zweck auch immer – nicht mit dem Gesetz in Konflikt steht.«*

Offensichtlich hat Herr W. daraufhin das Sodbrennen aufgegeben, denn er hat sich nie wieder gemeldet.

# Aus berufenem Munde ...

DER WERBUNG GLAUBEN zu schenken, ist eine Sache. Aber was, wenn der Markenname in einem Zusammenhang fällt, der vom Hersteller gar nicht beeinflusst werden kann? »Bullrich Salz« hat sich über Jahre hinweg eine Verkehrsgeltung erarbeitet, und für viele Menschen ist es auch heute noch Synonym für Hilfe gegen Sodbrennen, Magendruck und Völlegefühl. Da wundert es nicht, dass »Bullrich Salz« in vielen Zusammenhängen zu finden ist:

1927 dreht Walter Ruttmann den bemerkenswerten Dokumentarfilm »*Berlin – Die Sinfonie der Großstadt*«, in dem ein ganz normaler Tag in der deutschen Metropole portraitiert wird. In einer Szene vor dem Anhalter Bahnhof ist eine damals typische Reklametruppe für Bullrich-Salz, die Affichenmänner oder »Bullrich-Riesen«, zu sehen (siehe S. 65).

\*

1934 beschreibt George Orwell, der nach dem Zweiten Weltkrieg mit »*Animal Farm*« und »*1984*« seinen Durchbruch erzielen wird, in seinem Buch »*Tage in Burma*« einen südostasiatischen Markt, auf dem es auch ein Produkt aus Berlin zu entdecken gibt: »*... da gab es Halsketten aus Dattelkernen, Hühner,* *die in Rohrkörben gackern, Flaschen mit Bullrich Salz, falsche Zöpfe, Kochtöpfe aus rotem Ton, Streifen von Alligatorhaut mit Zauberkraft ...«* Die Flaschen enthalten »*Bullrich Fruit-Product*«, eine Mischung aus »Bullrich Salz« und Fruchtpulver zur Herstellung einer erfrischend fruchtigen Brauselimonade.

*

1940 dreht der 1922 aus Deutschland ausgewanderte und 1935 von den Nationalsozialisten ausgebürgerte Regisseur Ernst Lubitsch in Hollywood die Komödie »*Rendezvous nach Ladenschluß*« (»*The Shop Around The Corner*«) mit James Stewart in der Hauptrolle. Der Film kommt erst 1947 in die deutschen Kinos. Zu Beginn des Films muss der Botenjunge des Geschäftes ein Medikament besorgen. Vier Mal in den ersten fünf Minuten wird der englische Begriff »bicarbonate« in der deutschen Synchronisation mit »Bullrich Salz« übersetzt. Nötig geworden war das Medikament, weil am Abend zuvor offensichtlich zuviel Gänseleber verspeist wurde ...

*

1943 kommt die UFA-Komödie »*Abenteuer im Grandhotel*« in die Kinos. Der Hauptdarsteller Wolf Albach-Retty, Vater der 1938 geborenen Romy Schneider, spielt darin einen Fürsten, der sich als Chauffeur ausgibt, um einer jungen Dame zu imponieren. Ob »Bullrich Salz« zu den Mitteln seiner Verführungskunst zählt, ist nicht überliefert. Aber er erfindet einen Werbevers im klassischen Stil: »*Man verdaut nur gut und schnell, hat man ›Bullrich Salz‹ zur Stell’.*«

\*

1978 veröffentlicht Arno Surminski sein Buch »*Kudenow oder An fremden Wassern weinen*«. Hier heißt es gegen Ende des Buches: »*Der alte Petschelies nahm neben ihm auf einem Hauklotz Platz und fing an zu erzählen vom Bullrichsalz, das gut ist für den Magen.*« Auch in »*Jokehnen oder Wie lange fährt man von Ostpreußen nach Deutschland*« findet das altbewährte Hausmittel Erwähnung: »*Was ihn bewog, noch einmal zu heiraten? Der Gedanke, ohne Nachkommen zu sterben und die nach dem 40. Lebensjahr zunehmenden Magenbeschwerden, gegen die auch das ›Bullrich Salz‹ immer weniger auszurichten vermochte.*«

\*

Am 24. Dezember 1989 gibt die der *Berliner Morgenpost* beiliegende *Berliner Illustrirte Zeitung* »*Gute Tips für den festlichen Schmaus*«, darunter: »*Wenn dann aber doch alles nicht beachtet wurde und Völlegefühl oder Sodbrennen*

*und Magendrücken die Lust auf die nächste so delikate Schlemmermahlzeit ver-*
*derben könnten, helfen vermutlich nur noch das bewährte Bullrichsalz oder Tab-*
*letten aus der Apotheke.«*

\*

1995 erscheint im Hinstorff-Verlag Rostock ein photomechanischer Nach-
druck des *Pommerschen Kochbuches*, das H. von Geibler 1925 herausgegeben
hat. Die Fülle und die Art der Rezepte sowie die Kochhinweise verdienen, der
Nachwelt erhalten zu bleiben, ebenso wie die subtilen Mengenangaben. Zur
Zubereitung von Hamburger Rauchfleisch heißt es zum Beispiel: »*Auf ein
Stück von etwa 20 Pfund tut man einen Eßlöffel voll Bullrichsalz hinein ...*«

\*

1996 präsentieren die Comedians Wigald Boning und Olli Dittrich unter
ihrem Bandnamen *Die Doofen* das Album »*Melodien für Melonen*«. Ein Song
widmet sich dem körperlichen Unwohlsein. Der Text von »Magenkrank« beginnt mit dem Text: »*Ich habe Druck im Oberbauch, und etwas drunter, ja da
zwickt es auch; da hilft kein Rennie und kein ›Bullrich Salz‹, mir steht die Brühe
bis in den Hals.*« 2006 entdeckt auch die Kölner A-capella-Gruppe *Wise Guys*
die Qualitäten des altbewährten Magenmittels: In »*Aber sonst gesund*« heißt es

*»… gegen Sodbrenn'n »Bullrich Salz‹.«* Den Refrain des Songs sollte man allerdings nicht ganz ernst nehmen: *»Aber sonst gesund! Denn beim winzigsten Befund werfe ich mir kunterbunt meine Pillen in den Schlund.«*

*

2000 erscheint der Roman »*Ein Stück Malheur*« von Jörg W. Gronius, in dem es heißt: *»Meine Mutter aß gern Ölsardinen. Am liebsten aß sie eine Büchse Ölsardinen mal so zwischendurch. Wenn meine Großmutter mütterlicherseits nicht da war, holte meine Mutter aus dem Fensterspind eine Büchse Ölsardinen, öffnete sie mit dem daran befindlichen Büchsenöffner und verzehrte mit einer Kuchengabel die Ölsardinen. Danach setzte meine Mutter die Büchse an den Mund und trank das Öl aus. Dann nahm sie Bullrich Salz. Sie nahm einen oder zwei Teelöffel Bullrich Salz, trank ein Glas Wasser hinterher und ging in der Küche auf und ab. Nach vier- oder fünfmaligem Aufundabgehen blieb sie mitten in der Küche stehen und stieß einen Laut aus: ›Böööh!‹ Dann ging sie noch ein paar Mal hin und her und machte ein zweites Mal ›Böööh!‹*

*

Am 28. Juni 1999 berichtet das MDR-Fernsehen in der Sendung *Hauptsache gesund* über das Thema *»Sodbrennen: Gift für die Speiseröhre«* und gibt folgende Empfehlung: »*Als altes Hausmittel gegen Sodbrennen gilt auch ein halbes Glas Wasser mit einem Teelöffel Apfelessig. Emser Salz und Bullrichsalz haben sich ebenfalls vielfach bewährt.*« Wenige Monate später heißt es in der Sendung *Hier ab vier*, ebenfalls vom MDR: »*Der erfolgreiche Gebrauch von ›Bullrich Salz‹ oder anderen natürlichen Säurebindern im Magen lässt sich in doppelter Hinsicht erklären: Im Magen wird der Säureangriff auf die Schleimhaut gebremst, im Blut werden Pufferfunktionen wahrgenommen.*«

\*

Am 13. Oktober 2003 berichtet die *Rhein-Neckar-Zeitung* über die Tournee des Chemie-Trucks »*Justus*« der Heidelberger Ruprecht-Karls-Universität. Zwei Schülerinnen zeigen einen Versuch zur Magentätigkeit: »*Sie füllten Wasser und einen Indikator in ein Reagenzglas, um dann mit Hilfe eines Teststreifens den pH-Wert zu messen. ›Neutral‹, stellten sie mit Blick auf die grünlich schimmernde Lösung fest. ›Nun reizen wir den Magen mit Essigsäure‹, forderte eine Labormitarbeiterin die Kinder auf. Die rote Flüssigkeit zeige an, dass der Magen jetzt regelrecht ›sauer‹ reagiere; um ihn zu beruhigen, fügten die kleinen Forscherin-nen eine Tablette mit Natriumhydrogencarbonat hinzu, die sich schäumend auflöste. ›Wieder grün‹, stellten die zwei befriedigt fest. Dass diese Wirkung die gleiche ist, die das gute alte ›Bullrich Salz‹ seit Jahrzehnten auf gereizte Magenschleimhäute ausübt, hörte denn auch die Elterngeneration mit Staunen.*«

## WAS HITZE FÜR SPINATAUFTAUUNG IST *BULLRICH-SALZ* FÜR DIE VERDAUUNG.

Auch Max Goldt hat sich in privater Runde als Bullrich-Texter versucht. Das Ergebnis steht oben. Der 1958 geborene Musiker (er gründete 1981 die Band *Foyer des Arts*) und langjähriger *Titanic*-Kolumnist, hat sich seit 1984 auch als Schriftsteller einen Namen gemacht. Seine Texte zeichnen sich durch Wortwitz, sprachliche Eleganz und die Kunst der Abschweifung aus.

\*

Die Firma *A. W. & C. W. Bullrich* ist mit ihren Ruhm sehr entspannt umgegangen. Dies belegt ein Werbestreifen, der in den Berliner und Hamburger U-Bahnen zum Einsatz kam. Mehr muss man dazu eigentlich nicht sagen ...

# Neue Zeugnisse

von der Wirksamkeit des

## C. W. Bullrich'schen

## Universal-Reinigungs-Salzes.

Die Originale sowie viele Tausend anderer liegen in meinem Comptoir für Jedermann zur Einsicht bereit.

### C. W. Bullrich

Fabrik chemischer Präparate
Berlin C., Neue Grünstr. 4.

Reisp b. Schievelbein i. S., den 19. Januar 1887.

Herrn C. W. Bullrich, Berlin.

Im Folge der guten Dienste, welche uns Ihr Salz „seit 30 Jahren" geleistet hat, möchte ich mir die Anfrage erlauben, was 8 Pfund kosten.

Kluck, Bauerngutsbesitzer.

Geehrter Herr Bullrich!

Bitte um Zusendung von 6 Paketen Ihres unschätzbaren Salzes. Habe abermals damit mehreren Personen geholfen, die schon alle Hoffnung auf Besserung aufgegeben hatten, und haben Hilfe gefunden durch Ihr Universal-Reinigungssalz. Bitte dasselbe wieder durch Postnachnahme zu senden.

Achtungsvoll grüßt

Therese König, Friedenstr. 13.

Düsseldorf, den 22. Januar 1887.

Mehrhof, den 13. März 1887.

Sr. Wohlgeboren dem Herrn C. W. Bullrich, Berlin.

Haben Sie die Güte und senden mir 5 Pfund Universal-Reinigungssalz; ich leide an Magenbeschwerden und muß dasselbe täglich gebrauchen. Es ist kein Mittel besser für mich, als Ihr Universal-Reinigungssalz. Sehr angenehm wäre es mir, wenn ich dasselbe baldigst erhielte.

Achtungsvoll

Heinrich Weyer.

Königsbrunn, den 22. Februar 1887.

Geehrter Herr C. W. Bullrich!

Mit Diesem ersuche ich Sie hiermit freundlichst, mir in kürzester Zeit 2 Pfund Ihres vortrefflichen Reinigungssalzes mittelst Postnachnahme zu senden. Ich gebrauche dieses Salz längere Zeit und leistet es mir gute Dienste gegen Magenleiden.

In der Erwartung baldiger Zusendung zeichnet

hochachtungsvoll

Christian Bildmann.

Dahlen i. S., den 15. August 1888.

Geehrter Herr Bullrich!

Ersuche Sie hierdurch, mir wieder 5 Pfund von Ihrem guten Reinigungssalz zu schicken. Dasselbe leistet vortreffliche Dienste gegen Magenbeschwerden; ich fühle mich seit der ersten Sendung sehr wohl, ebenso meine Frau. Sie hatte oft Schwindelanfall und ist derselbe seit dem Gebrauch Ihres Salzes nicht wieder vorgekommen.

Achtungsvoll

Heinrich Lorenz, Mühlenbesitzer.

Dieselbe Dahlen, den 28. September 1888.

Ersuche hierdurch, mir wieder 5 Pfund von Ihrem Salz zu schicken, aber so schnell wie möglich, da ist dasselbe fast gar entleeren kann.

Mit Hochachtung u. s. w.

Osnabrück, den 4. November 1888.

Herrn C. W. Bullrich, Berlin.

Geehrter Herr Bullrich! Mein Vater litt seit 28 Jahren an ununterbrochenen Magenschmerzen; er hat alle Ärzte gebraucht, keiner konnte ihm helfen. Da hörte er von Ihrem Salz, was er jetzt 3 Jahre Tag und Nacht gebraucht. Er mußte des Nachts drei bis vier mal aufstehen und Salz einnehmen, das ihm nun den seinen Leiden geholfen hat. Gott Lob und Dank. Würden Sie die Güte haben und mir nach hier (folgt Bestellung) unter Nachnahme senden; im Voraus besten Dank.

C. Behrs, Kaiserhof.

Landsberg a/W., den 5. September 1888.

Herrn C. W. Bullrich, Berlin, Neue Grünstr. 4.

Im Auftrage nachstehend angeführter Dame bitte ich Sie um gefl. umgehende Uebersendung (folgt Bestellung) von Ihrem Magensalz gegen Nachnahme. Die ausgezeichnete Wirkung Ihres Fabrikats hat sich wie immer, so auch hier gut bewährt u. s. w.

Hochachtungsvoll

J. Storbeck.

Wald b. Zürich, den 27. October 1888.

Hochgeehrter Herr!

Haben Sie die Güte und senden mir 6 Pfund von Ihrem erhaltenen bekannten Universal-Reinigungssalz; es hat mir sehr gute Dienste bei meinem 10jährigen Magenleiden geleistet. Ich werde auch Ihr Salz zu vermerken suchen, denn es giebt hier sehr viele Magenleidende. Mit der besten Hochachtung

ergebene

Frau Dr. Babette Pettiger.

Herrn C. W. Bullrich, Berlin.

Sind Sie so gefällig und senden gegen Postnachnahme an meine Adresse, Chaussee D. Ixelles 41, 2 Kilo Magensalz. Wir sind beunruhigt, wenn wir kein Salz im Hause haben.

Hochachtungsvoll ergebenst

Carl Schaack.

Brüssel, den 13. August 1888.

Ecklingerode, den 16. Juli 1888.

Herrn C. W. Bullrich!

Da man Ihr Universal-Reinigungssalz in Duderstadt nicht haben kann, bitte ich hiermit möglichst so bald wie möglich, denn ich kann es wegen Magenschwäche nicht gut entbehren.

Georg Bachmann, Mühlenbesitzer.

Langenau (Schweiz), den 27. November 1889.

Geehrter Herr Bullrich!

Ersuche Sie höflichst, an meine untenstehende Adresse für eine magenleidende Person (folgt Bestellung) Ihres Universal-Reinigungssalzes baldmöglichst mit Gebrauchs-Anweisung gegen Postnachnahme zu senden. Das früher für mich von Ihnen bezogene Salz hat mir ausgezeichnete Dienste geleistet.

Achtungsvoll

Kirn, Landjägerkorporal.

Wehheim, den 18. April 1889.

Herrn C. W. Bullrich, Berlin.

Seit 3 Jahren gebrauche ich Ihr Universal-Reinigungssalz und hatte es von einem Bekannten, mit Namen Bresser, bezogen; als ich gestern wieder ein paar Pakete haben wollte, sagte er mir, er habe keines mehr und wollte auch keines mehr; er sei ganz gesund und soll ich meinem Gebrauch jetzt selbst bestellen. Ich ersuche Sie, mir 4 oder 6 Pfund gegen Nachnahme schicken zu wollen, und wäre es mir sehr lieb, wenn dies ohne Verzögerung geschehen könnte.

Johann Schwaderer.

Rodenhahn, den 7. April 1889.

Geehrter Herr Bullrich!

Ich bitte Sie ganz ergebenst, mir von Ihrem bewährten Universal-Reinigungssalz (folgt Bestellung) senden zu wollen. Seit langen Jahren habe ich dies von Ihnen erhalten und mit meiner ganzen Familie keine sonstigen Medicamente zu brauchen nötig gehabt.

Mit aller Hochachtung

Johann Tahsebohm.

Hier giebt es nur nachgemachte Waare.

# *Werte Firma!*

SELTEN GENUG MACHEN sich Verbraucher die Mühe, dem Hersteller eines Produktes zu schreiben, und wenn, dann wohl eher, um etwas an der gekauften Ware zu bemängeln oder sich über schlechten Service zu beschweren. Manchmal missfällt die Werbung, die Verpackung ist unpraktisch, oder der Konsument hat Verbesserungsvorschläge. Nach dem bekannten Sprichwort *»No news is good news«* können Unternehmer davon ausgehen, dass ihr Produkt gut ankommt, wenn sie keine Post bekommen, denn Dankschreiben gehören zu den selteneren Formen des Kontaktes zwischen Verbraucher und Hersteller.

Geht es jedoch um »Bullrich Salz«, sind die Erfahrungen gänzlich anders. Sowohl die Wirkung des Produktes wie auch die Werbung, insbesondere die Reklameverse, haben von Anbeginn an viele tausend Briefschreiber veranlasst, sich an den Hersteller zu wenden. Und zum weitaus größten Teil sind die Zuschriften positiv, wie eine Auswahl aus der Korrespondenz belegt. Natürlich wird Kritisches nicht ausgespart. Aber auch noch heute, fast 200 Jahre nach seiner Entdeckung, genießt »Bullrich Salz« uneingeschränkt das Vertrauen der Verbraucher.

Die ältesten vorliegenden Dankschreiben datieren aus den Jahren 1887 bis 1889. Sie dienten in der Werbung als unwiderlegbarer Beweis für die hervorragende Wirkung des *Bullrich'schen Universal-Reinigungs-Salz'* und der daraus resultierenden Nachfrage, wie das Beispiel aus dem Hause *C. W. Bullrich* zeigt. Aus Pommern heißt es: »*In Folge der guten Dienste, welche uns Ihr Salz seit 30 Jahren geleistet hat, möchte ich mir die Anfrage erlauben, was 8 Pfund kosten*«; aus Düsseldorf: »*Bitte um Zusendung von 6 Packeten Ihres unschätzbaren Salzes. Habe abermals damit mehreren Personen geholfen, die schon alle Hoffnung auf Besserung aufgegeben hatten, und haben Hilfe gefunden durch Ihr Universal-Reinigungs-Salz.*« Aus Sachsen schreibt ein Kunde über seine guten Erfahrungen: »*Dasselbe leistet vortreffliche Dienste gegen Magenbeschwerden; ich fühle mich seit der ersten Sendung sehr wohl, ebenso meine Frau. Sie hatte oft Schwindelanfall und ist derselbe seit dem Gebrauch Ihres Salzes nicht mehr vorgekommen.*« Ein Lob aus Osnabrück: »*Mein Vater litt seit 28 Jahren an ununterbrochenen Magenschmerzen; er hat alle Aerzte gebraucht, keiner konnte ihm helfen. Da hörte er von Ihrem Salz, was er jetzt 9 Jahre Tag und Nacht gebraucht. Er musste des Nachts drei bis vier mal aufstehen und Salz einnehmen, was ihm nun von seinem Leiden geholfen hat, Gott Lob und Dank.*« Und ein zufriedener Vater aus Nordenham: »*Ich bitte Sie ganz ergebenst, mir von Ihrem bewährten Universal-Reinigungssalz senden zu wollen. Seit langen Jahren habe ich dies von Ihnen erhalten und mit meiner ganzen Familie keine sonstigen Medicamente zu brauchen nöthig gehabt.*« Sein Schreiben endet mit einem Stoßseufzer, der den  Konflikt zwischen den Firmen *A. W. Bullrich vorm. F. C. Stegmann* und *C. W. Bullrich* auf den Punkt bringt: »*Hier giebt es nur nachgemachte Waare.*«

Viel zu tun bekommt der für die Berliner Kurfürstenstraße zuständige Postbote, als in den späten 1920er Jahren die gereimte Werbung beginnt. Plötzlich fühlen sich viele Menschen zum Kritiker oder zum Dichter berufen, wenn sie nicht gar das eine mit dem anderen verbinden. Nicht selten wird der Aufenthalt in der U-Bahn zur Beschäftigung mit den Reimen und zur Inspirationsquelle eigener Dichtkunst genutzt.

Im Oktober 1929 heißt es: »*Oben sende ich Ihnen nicht nur einen Reklame-Zweizeiler, sondern gleichzeitig auch eine Anerkennung bei regelm. Gebrauch. Dieser dürfte sich speziell für Ihre Anzeigen-Propaganda eignen. Ich mache darauf aufmerksam, dass dieser Zweizeiler mein geistiges Eigentum ist. Falls Sie hiervon Gebrauch machen wollen, so bitte ich um Veranschlagung des Honorares.*« Der eingesandte Vers lautet: »*Hab' manches versucht, vieles probiert – da nahm ich Bullrich Salz – jetzt bin ich kuriert.*«

Der Wunsch nach Honorierung zieht sich wie ein roter Faden durch die Zusendungen; die Zeiten sind schlecht, die Arbeitslosigkeit ist hoch. Jede Gelegenheit, die eine oder andere Reichsmark nebenbei mitzunehmen, wird ausgenutzt. Gründe gibt es genug: die Auffüllung der leeren Reisekasse, oder um dem »*lieben Töchterlein zu ihrem 10.ten Geburtstage eine kleine Freude*« zu bereiten. Es sind aber bei weitem nicht nur schlechte Reime, die die Firma *A. W. & C. W. Bullrich* erreichen – tatsächlich werden für gute Verse auch Honorare gezahlt. Mit zwei oder drei Reichsmark für einen Reklamevers ist der finanzielle Segen allerdings nicht so hoch, wie sich das mancher Einsender vorgestellt hat; die Honorarwünsche reichen von bescheidenen 40 Pfennig pro Vers bis zu anspruchsvollen 100 Reichsmark; letztere werden sogar mit einer herben Kritik der bisherigen Werbung verbunden: »*Sie kleiden Ihre Anpreisung in Verse, aber ich muss es mit Bedauern konstatiren, dass Ihre Verse genau wie die der anderen dort Reklame machenden Firmen spottschlecht sind. Geben Sie den Leuten was zu lachen, heitern Sie die von der Not der Zeit verhärmten und zerwühlten Gesichter auf, und Ihr Erfolg wird sich verhundertfachen.*« Und auch mit Erlangung eines Honorars ist nicht notwendigerweise sichergestellt, dass der gekaufte Vers zum Einsatz kommt. Hier eine Auswahl aus den dreißiger Jahren, als die Bullrich-Reime Hochkonjunktur hatten:

### 1931:

»*Ich gestatte mir, Ihnen nachstehend einige Verse zu senden: ›Zur Verdauung, man kann's schwören, muss auch Bullrich Salz gehören‹, ›Wenn Du reist ins ferne Land, halte Bullrich Salz zur Hand‹ oder ›Drückt der Magen, liebes Kind, hol' Dir Bullrich Salz geschwind.‹*«

### 1932:

»*Ich habe mir erlaubt, auch einige Verse auf Ihr gut bewährtes Salz zu machen: ›Der Magen spricht, erhöre mich, durch Bullrich Salz gesunde ich.‹ Bei Zusendung weiterer 12 Verse dieser Art würde ich das kleine Honorar von 40 Pfennig pro Vers erheben.*«

*»Das regnerische Wetter schlägt mir regelmässig auf den Magen. Ich freue mich, sehr geehrte Herren, Ihnen mitteilen zu können, dass Ihr vorzügliches Bullrich-Salz die Magenbeschwerden stets ebenso regelmässig wieder behebt, sodass man mit Recht ausrufen könnte: ›Bullrich Salz zu jeder Zeit Dich vom Magenweh befreit!‹ Das wäre dann gleich ein kleiner Vers, der leicht lesbar ist und darum für Ihre Werbung nicht ohne Interesse sein dürfte. Natürlich kann man das auch noch etwas eindringlicher sagen:*

> *›Macht der Magen Dir Beschwerden*
> *Will's damit nicht besser werden,*
> *Hilft gewiss nichts andres als*
> *Das bewährte Bullrich Salz.‹*

*Sie werden an diesen gutgelungenen und wirkungsvollen Werbeversen bestimmt nicht gleichgültig vorübergehen; denn es ist für den Leser und Verbraucher immer interessant, wenn das Erzeugnis in hübscher Form angeboten wird. Gegen ein Honorar von Rmk. 15.- für jeden Werbevers erwerben Sie das unbeschränkte Eigentum daran zur beliebigen Verwendung.«*

*»Ich beziehe mich auf unsere damalige Rücksprache und teile Ihnen mit, dass es in der Tat ausserordentlich schwierig ist, für Bullrich Salz einen Reklame-Satz zu finden, der sich zu einem Schlager entwickeln könnte.«* Der Einsender hat sich davon aber nicht unterkriegen lassen. Er schlägt folgendes Gedicht vor:

*»Schön guten Morgen, lieber Fred!*
*Nun? Darf man fragen, wie es geht?*
*Nicht gut? Das tut mir aber leid!*
*Der Magen? O! Ich weiss Bescheid!*
*Sei guten Mut's und nicht verzagt!*
*Ein Mittel gibt's, das nie versagt,*
*Ein Mittel, das sofort kuriert*
*Und das Millionen schon probiert!*
*Es ist: Nun merke und behalt's*
*Das altbewährte Bullrich Salz!*
*Fang heut noch an! Und auf mein Wort,*
*Die Besserung spürst Du sofort!«*

## 1933

*»Es liegt mir fern, an den Zweizeilern irgendeine Kritik ausüben zu wollen, aber vielleicht ließe sich der eine oder andere durch einen neuen ersetzen:* »Macht dir dein Magen mal Beschwerden, nimm Bullrich, dann wird's besser werden!«, »Nimm regelmäßig Bullrich ein, dein Magen wird dir dankbar sein«. »*

*»Auch die Verse Ihrer geschätzten Firma sind teilweise recht gut, indessen dürfte es sich doch empfehlen, sie gelegentlich durch neue Variationen zu ersetzen und zwar durch solche, die als Schlager dem Publikum gefallen. Ich beehre mich,*

Ihnen einige neue Verse zur gefl. Verfügung zu stellen: ›Genieß das Leben und erhalt's – durch den Gebrauch von Bullrich Salz‹, ›Hoch von der Memel bis zur Pfalz lobt jedermann das Bullrich Salz‹ und ›Verdaust Du gut, bist fein Du raus, drum halt stets Bullrich Salz im Haus.‹« Die Einleitung zum Schreiben lässt schmunzeln: »Ihre Firma ist durch die Reklameverse in der U-Bahn weltberühmt geworden.« Man kann also durch U-Bahn-Werbung *welt*berühmt werden ...

»Als häufiger Benutzer der Untergrundbahn konnte ich stets beobachten, mit welch großem Interesse das Publikum Ihre netten Reklameverse liest, durch die bestimmt jedem U-Bahnfahrer die Marke Bullrich Salz eingehämmert wird.« Nachfolgend werden »einige selbsterdachte Reime zu Reklamezwecken gegen entsprechende Barvergütung in Vorschlag« gebracht, darunter auch: »Hat Dein Magen seine Tücken, musst mit Bullrich ihn beglücken.«

»Meine Herren, warum lassen Sie sich nicht bessere Verse machen? – Verswerbung verlangt Meisterhand. Sie muss sich durch vollendeten Rhythmus ins Gehirn stehlen und für Jahre haften, muss den Berliner schmunzeln machen und ihn so treffen, als sei er persönlich gemeint. Rhythmus ist so: ›Sodbrennen lässt Dich nächtlich leiden, mit Bullrich Salz kannst Dus vermeiden.‹ oder ›Brennt Dir der Magen bis zum Hals, so heißt die Rettung: Bullrich Salz!‹ Rufen Sie mich. Verlangen Sie vergnügte Bullrichverse.« Und als Zugabe gibt es einen weiteren »vergnügten Vers«:

>*»Hast Du nach der zwölften Molle*
*Einen Kater in der Tolle,*
*Sei gelassen, altes Haus,*
*Bullrich Salz wirft ihn hinaus.«*

## 1934

*»Als Mittel gegen durstige Kehlen*
*ist Bullrich-Brause zu empfehlen.*
*da Bullrich Salz darin enthalten*
*heilsame Kräfte sich entfalten.*
*Auch billig ist das frische Nass:*
*1 Pfennig kostet nur das Glas!«*

## 1936

*»Nach einem besonders guten und fetten Essen ging es auf der Hütte in den Bergen hoch her. Einige hatten soviel gefuttert, dass sie wegen ›Ueberfettung‹ Bullrichsalz aus der Lagerapotheke nahmen. Damit begann das Vergnügen. Jeder zitierte einen Bullrichvers. Auch in den nächsten Tagen wurden bei allen passenden – und vor allem unpassenden Gelegenheiten Bullrichverse zitiert und neue gedichtet. Weil diese Verse wesentlich zu unserer glänzenden Laune beigetragen haben, teile ich sie Ihnen hier mit ohne Kürzung in der Hoffnung, dass Sie wenigstens bei einigen Versen etwas von dem Gaudi haben, das uns Bull-*

richsalz nebst Versen auf der Skihütte bereitet hat. Motto: *Bullrich Salz – Gott erhalts!*« Einige der Verse schießen weit über das Ziel hinaus: »*Wenn Du Angst hast, dick zu werden – Bullrichsalz hilft bei Beschwerden*«, »*Ja, selbst das Liebespaar beim Küssen möchte Bullrichsalz nicht missen*«, »*Hast Du Angst vor Diphterie, nimm Bullrichsalz, dann kriegst Du's nie*« oder »*Sind zwei Menschen wild vor Liebe – Bullrich mässigt ihre Triebe.*«

## 1938

Auch der Nachwuchs fühlt sich berufen: »*Sehr geehrte Direktion! Da ich im K.L.V. Lager* [Kinder-Landverschickung] *bin und manchmal sehr lange Weile habe, habe ich mich mal hingesetzt und mal nachgedacht was man noch mal machen könnte. Und da bin ich auf den Einfall gekommen, ein paar kleine Verse für die Reklame für Bullrich Salz zu machen. Ich bin erst 11 Jahre und habe daher noch nicht so ein scharfes Gehirn.*« Das Ergebnis: »*Ja, schon der Tiger von Eschnapur nahm oftmals eine Bullrich-Kur*«. Der kurz zuvor angelaufene Film *Der Tiger von Eschnapur* war allerdings garantiert nicht jugendfrei …

»*Nachfolgend teile ich Ihnen zwei Reklameverse mit, die mir in der U-Bahn ein-fielen. Hoffentlich bekomme ich recht viel Geld dafür:* ›*Lucullus könnt noch heute leben, hätt' man ihm Bullrich Salz gegeben.*‹ *und* ›*Ein bull'riges Gefühl im Magen kannst Du mit Bullrich Salz verjagen.*‹ *Wenn der zweite nicht schön ist, dann weiss ich nicht!!*«

## 1939

*»Da mich Ihre humoristischen Verse für die Bullrichsalz-Propaganda immer interessiert haben, so ist mir selbst ein Vers in den Sinn gekommen, der infolge seiner Aktualität allerdings sofort benutzt werden müsste. Er lautet: ›Auch ihm würd' es viel besser gehn, nähm' Bullrich Salz Herr - - Chamberlain!‹«*

Die Einsenderin bezieht sich dabei auf den britischen Premierminister Arthur Neville Chamberlain und seine »Appeasement-Politik«. Mit dem Ende September 1938 geschlossenen *Münchener Abkommen*, das die deutsche Besetzung des Sudetenlandes legitimierte, hatte Chamberlain geglaubt, den zweiten Weltkrieg verhindert zu haben. Tatsächlich aber verschob sich der Beginn nur um einige Monate. Als der Spruch eingesendet wird, ist der Krieg bereits seit fünf Wochen im Gange. Und das wird Chamberlain wohl wirklich *»schwer im Magen«* gelegen haben.

## 1941

Jetzt wird es brandaktuell: *»Was für den Luftschutz der Alarm, ist Bullrich Salz für Deinen Darm.«* tönt es aus Mannheim. Der Zweite Weltkrieg dauert bereits zwei Jahre – und seit den ersten Luftangriffen auf das eigene Land weiß auch die deutsche Zivilbevölkerung, was die Worte *»Luftschutzkeller«* und *»Alarm«* bedeuten. Sie fügt sich in ihr Schicksal und versucht, die Bürden des Kriegsalltags mit Humor zu nehmen. Da darf eine Abwandlung der bekannten Bullrich-Verse natürlich nicht fehlen …

Nach dem Kriege, als die Verbraucher *ihr* »Bullrich Salz« in gewohnter Qualität wieder entdecken, erreichen Dankschreiben die Unternehmen in Berlin und Bevensen bzw. Lechenich. Auch in den Folgejahren reißen die schriftlichen Lobeshymnen nicht ab.

*»Was mein Vater vor dem Kriege Ihnen zum Ausdruck brachte, möchte ich heute mit diesem Brief wiederholen: Bullrich Salz ist unübertrefflich!‹«*

*»Seit 1927 nehme ich Ihr ausgezeichnetes Bullrichsalz. Und vielen, vielen herzlichen Dank, dass Sie der Menschheit dieses wunderbare Mittel geschenkt haben.«*

*»Es ist mir ein Bedürfnis, Ihnen hiermit meinen besten Dank für Ihr ganz vorzügliches Bullrich Salz mitzuteilen. Meine Geschwister und ich nehmen Ihr Bullrich Salz schon seit 25 Jahren.«*

*»Werte Firma Bullerich! Da ich das 70. Lebensjahr erreicht habe, fühle ich mich verpflichtet, Ihnen für Ihr Salz, das ich schon seit meinem 14. Lebensjahr gebrauche und mindestens 1 Zentner schon genommen habe, meine Anerkennung auszusprechen. Ich verdanke mein Alter hauptsächlich Ihrem Salz.«*

*»Heute endlich möchte ich Ihnen einmal mitteilen, dass mein Vater vor einigen Wochen ein Jubiläum gefeiert hat und zwar ›50 Jahre Bullrichsalz‹.«*

*»Sie kennen mich als alten Verehrer des Bullrich Salz, das in unserer Familie seit Jahrzehnten die größte Wertschätzung findet.«*

*»Ein Onkel von mir feiert am 4. August dieses Jahres seinen 90. Geburtstag. Er erfreut sich bester Gesundheit und geistiger Frische. Der alte Herr nimmt, wie er immer stolz betont, seit 70 Jahren nach jeder Hauptmahlzeit Bullrich Salz. Die schwersten Speisen verträgt er, selbst abends, glänzend.«*

*»Ich gebrauche das Salz schon seit meinem 20. Lebensjahr, bin jetzt 88 1/2. Von allen Medikamenten hilft dieses sicher. Ich brauche das Jahr über ungefähr 5-6 Pfund.«*

*»Ich bedanke mich nochmals für Ihr wertvolles Bullrich Salz. Ich nehme es schon 49 Jahre und immer mit großem Erfolg.«* Das Besondere: Der Absender wohnt in Jena (damals DDR) und erhält Bullrich Salz in den Zeiten der deutschen Teilung mit den Weihnachtspäckchen aus dem Westen.

*»Da mir am gestrigen Abend durch den Genuß von Heringen, bei einer starken Unpässlichkeit des Magens, das bei uns sehr beliebte und unentbehrliche Bullrich Salz mal wieder seine alles behebende Wirkung getan hatte, fühle ich mich verpflichtet, Ihnen meinen Dank für dieses hervorragende Mittel auszusprechen.«*

*»... half mir Ihr bekanntes Bullrich Salz wieder auf die Beine, nachdem ich aus Anlaß meines 25-jährigen Geschäftsjubiläums zu tief ins Glas geschaut habe.«*

*»Zum 150-jährigen Bestehen von Ihrem Produkt Bullrich Salz möchte ich Ihnen herzlich gratulieren, zugleich aber auch uns Verbrauchern, daß es dies' gibt.«*

Schön, wenn sich Verbraucher selbst zu einem Produkt gratulieren …

Als *delta pronatura* 1982 mit aktualisierten und neuen Bullrich-Versen wirbt, lebt die lyrische Ader der Verbraucher wieder auf:

*»Bei Magendruck und Unbehagen,*
*quält Kater Dich vielleicht einmal,*
*dann musst Du Dich damit nicht plagen.*
*Dafür ist Bullrich ideal!«*

*»Nimm Bullrich Salz – laß' Dich beneiden –*
*Du ahnst ja nicht, wie andere leiden!«*

Kritik gab es natürlich auch. Allerdings zumeist anonym, wie in der Einsendung des folgenden Versleins aus den 1930er Jahren, dessen Verfasser sich lediglich als *»U-Bahnfahrer«* zu erkennen gibt:

*»Die Bullrich-Verse sind zum Kotzen.*
*Da kann auch Bullrich Salz nichts notzen.*
*Ich fürchte, dass es auch so schlecht.*
*Drum nehm' ich's vorsichtshalber necht.«*

Der anonyme *»U-Bahnfahrer«* hat natürlich keine Antwort bekommen. Wie auch? Ansonsten wurde aber – soweit möglich – auf alle Zuschriften reagiert. Und nach 1982 geschah dies über lange Zeit standesgemäß mit einem vom Inhaber Dr. Theo Krauß selbst gedichteten Antwortreim:

*»Für Ihre Verse vielen Dank!*
*Ich las sie gern mir zur Erbauung,*
*tat sie in einen Aktenschrank,*
*der, voll von BULLRICH-Weltanschauung*
*in Vers und Reim, in Wort und Bild,*
*Sie glauben's kaum – schier überquillt.*
*Wir hüten sie wie einen Hort,*
*der einst, nach gründlicher Verdauung*
*von Reim und Vers, von Bild und Wort*
*den BULLRICH-Jüngern zur Erbauung*
*vielleicht sich frei und ungeniert*
*als heit'res Heftchen präsentiert.«*

Der Wunsch hat sich bewahrheitet: Aus dem *»vielleicht«* wurde ein *»bestimmt«* – und aus dem *»heit'ren Heftchen«* ist ein ganzes Buch geworden.

*

NACHSCHLAG – Die Bullrich-Verse sorgen nicht nur bei Verbrauchern und Magenleidenden für Resonanz. Im Juli 1934 eignen zwei Werbefachleute, die sich offensichtlich in ihrer Berufsehre verletzt sehen, aber lieber anonym bleiben wollen, dem *»lieben Onkel Bullerich«* die folgende Ode zu:

Mensch Du lachst Dir kullerich!
Deine Verse, Bullerich
hinken etwas all zu sehr,
Dichten ist ja garnicht schwer,
denkste woll – pass auf, gib acht,
wie man bess're Verse macht:

Du sagst: ›Auch zum Zähneputzen
kann man Bullrich-Salz benutzen.‹
Na, versuch's mal. Viel Vergnügen!
Krämpfe kann man dabei kriegen.
Solltest Du davon mal kotzen
und den Anzug Dir beschmotzen,
so nimm einfach BULLRICH her
Denn das reinigt sogar Teer-,
Oel und andere Flecke mehr:
Bullrich, Bullrich, Bullrich her!

Aber auch bei and'ren Leiden
lässt sich BULLRICH nicht vermeiden:
Scharlach, Cholera und Pest,
Gonorrhoe und auch Inzest –
alles heilt das Bullrich-Salz.

Und sogar – gegebenenfalls
leichte Fälle jener schweren
Seuche, die (wie alle lehren)
›Dichteritis‹ heisst. Sie ist
fast unheilbar, denn sie frisst
sich in das Gehirn von Herrn,
die (talentlos, aber gern)
schlechte Werbeverse machen,
über die sie selbst nur lachen.

Darum lehret die Moral –
und hier sag' ich's noch einmal:
Öffnet Dir 'ne Pulle sich,
trink' ein Glas auf Bullerich!
Mit dem Salz von Bullerich
freut der grösste Bulle sich!
Leidest Du an Paralyse
nimm 'ne kleine Bullrichprise!
Ja, mir schmeckt die Stulle nich
mangelt's ihr an Bullerich!
Bullrich-Salz
Gott erhalt's!

*Solltest Du erbost nun grübeln:*
*›Warum kippt er so mit Kübeln?‹*
*Dann vernimm zur Unterrichtung*
*alle Gründe dieser Dichtung:*

*Tag für Tag, seit zwei, drei Jahren*
*muss ich in der U-Bahn fahren,*
*täglich müssen meine Augen*
*Deine Jammerverse saugen! –*
*Anfangs fühlte meine Seele*
*Mitleid nur mit dem Gequäle.*
*Später konnt' ich auch mal lachen*
*ueber dieser Strophen Krachen.*
*Aber langsam, dafür sicher*
*schwand die Lust an dem Gekicher,*
*und der Zorn stieg mir nach oben –*
*schliesslich fing ich an zu toben!*

*Gräulich, dieses Sprachgezumpel,*
*Versgehumpel, Wortgerumpel,*
*ledig aller guten Geister!*
*Der verdammte Scheibenkleister,*
*das banausische Geschleime*

*dünkt sich Werbung …*
*… nennt sich Reime!*
*Hilfe, Hilfe Werbefachschaft,*
*gegen dieses Dichters Machschaft! –*

*Würde er, der so gedichtet,*
*nach Verdienst und Recht gerichtet,*
*müsst' er in der Hölle rösten,*
*wo die Teufelsglut am grössten.*
*Doch ich finde seiner Sünde*
*leider Gottes Milderungsgründe:*
*Denn er ist der brave, grosse*
*unschuldsvolle Ahnungslose!*

*Mensch verschwinde, Mensch verdüfte,*
*Mensch entfleuch' in alle Lüfte*
*laß' Dich niemals mehr gelüsten*
*nach der Muse edlen Brüsten,*
*laß' Dich niemals mehr beklappsen*
*bei asthmat'schem Versejappsen –*
*Schwöre, dass Du nie mehr dichtest –*
*Mensch …*
*… sonst wirst Du ›hingerichtet‹!*

Quellen

Archiv und Informationen/Erinnerungen von delta pronatura GmbH, Egelsbach
Archiv und Informationen/Erinnerungen von Paul-Michael Spielhagen, Berlin
»Entstehung und Entwicklung der Firma A.W. und C.W. Bullrich« – Paul Wever, Selbstverlag Berlin 1974
»Von Karl May zu Helmut Newton« – Carl-Peter Steinmann, Transit-Verlag Berlin 2006
»Die Familie Bullrich aus Teupitz, Mark Brandenburg« – Werner Timann, Familienforschung in Mitteldeutschland Heft 1/200
Weitere Quellen texterwähnt

Foto- und Abbildungsnachweis

delta pronatura:
1, 8, 9, 17, 29, 30, 31, 32, 34, 39, 40, 41, 45, 46, 51, 56, 66 u., 83, 87, 94, 102, 113 o. l., 114, 122, 133, 134, 135, 142, 143, 144, 145, 146, 153, 154, 156, 157, 159, 169 u., 170

Paul-Michael Spielhagen:
18, 19, 23, 35, 36, 44, 54, 55, 59, 60, 62, 64, 65, 67 o.r., 67 u. l., 69, 70, 72, 73, 77, 78, 86, 111, 112 u., 118, 120, 124, 125, 126, 155

Matthias Gerschwitz:
4, 17, 14, 22 o., 50, 116, 132, 169 o., 188

Archiv der Berliner Verkehrsbetriebe (BVG): 67 o. l., 113 u. r.
Verkehrsbilder Axel Reuther: 68 o. l., 89
Stadtarchiv Bonn: 113 m. l.
Historischer Verein der Dortmunder Stadtwerke Verkehrsbetriebe e.V.: 68 o. r.
Rheinbahn Düsseldorf: 113 o. r.
Arbeitsgemein. Historische Nahverkehrsmittel Leipzig e.V.: 67 u.r.
Freunde des Münchner Trambahnmuseums e.V.: 113 u. l.

Stadt Bad Bevensen: 107, 108
Stadtarchiv Uelzen: 110
Wikipedia Commons: 22 u., 24, 160
Privatbesitz: 113 m. r., 164
Sammlung Frank Bartsch, Erftstadt-Bliesheim: 112 o.
Berliner Zeitung: 158
Martin Buchholz: 127
Little Shark Entertainment: 150